誰搶了我的金飯碗？

5G 的金融業 Vs. 非金融業

資深企管顧問 / 智慧老人

顏長川／著

5G IS REAL AND COMING

國家圖書館出版品預行編目資料

誰搶了我的金飯碗？：5G的金融業vs.非金融業/
顏長川著. -- 新北市：創見文化, 2021.02
　面；　公分

ISBN 978-986-271-895-7　（平裝）

1.金融業　2.電子商務　3.產業發展

562.19　　　　　　　　　　　　　109019659

誰搶了我的金飯碗？ ～5G的金融業vs.非金融業

本書採減碳印製流程，碳足跡追蹤並使
用優質中性紙（Acid & Alkali Free）通
過綠色環保認證，最符環保需求。

作者／顏長川

出版者／ 魔法講盟 委託創見文化出版發行

總顧問／王寶玲　　　　　　　　文字編輯／蔡靜怡
總編輯／歐綾纖　　　　　　　　美術設計／蔡瑪麗

台灣出版中心／新北市中和區中山路2段366巷10號10樓
電話／（02）2248-7896　　　　傳真／（02）2248-7758
ISBN／978-986-271-895-7
出版日期／2021年2月初版

全球華文市場總代理／采舍國際有限公司
地址／新北市中和區中山路2段366巷10號3樓
電話／（02）8245-8786　　　　傳真／（02）8245-8718

全系列書系特約展示門市
新絲路網路書店
地址／新北市中和區中山路2段366巷10號10樓
電話／（02）8245-9896
網址／www.silkbook.com

本書於兩岸之行銷（營銷）活動悉由采舍國際公司圖書行銷部規畫執行。

線上總代理 ■ 全球華文聯合出版平台 www.book4u.com.tw
主題討論區 ■ http://www.silkbook.com/bookclub　　　　● 新絲路讀書會
紙本書平台 ■ http://www.silkbook.com　　　　　　　　　● 新絲路網路書店
電子書平台 ■ http://www.book4u.com.tw　　　　　　　　● 華文電子書中心

B 華文自資出版平台　　　全球最大的華文自費出版集團
www.book4u.com.tw
elsa@mail.book4u.com.tw　　專業客製化自助出版‧發行通路全國最強！
iris@mail.book4u.com.tw

當金融遇見科技

　　長川兄曾擔任中華電信資深顧問，熟悉的朋友有時會親切地稱呼他 John。與顏顧問有較深的結緣大約是在 2017 年，當時他正在進行一項頗具雄心與實驗性質的「讀書 A 計畫」，這個計畫透過網路即時直播方式，每週半小時、針對一本精選管理名著，摘要闡述書中精華，並由來自不同領域的兩位貴賓分就個人職場淬鍊經驗，來驗證與分享讀書心得。我想許多曾被邀請到顏顧問家中錄製直播節目的貴賓們，應該都曾被那充滿濃濃書香味與人情味的氛圍所感動。這個計畫在顏顧問堅毅、睿智又充滿熱情的主持下，在 2017 年度精選 52 部巨作、不間斷地執行了 52 次，多元緊湊又充滿高度含金量，有大師理論基礎也有實務工作者的經驗印證，讓閱聽者能快速吸收眾人智慧，同時也見證了透過簡易網路直播這一個平民化科技工具，也能達成無遠弗屆穿透傳播的驚人效果。

　　仔細探究這個高頻率、高質量的實驗計畫印證過程，我們可以細膩地觀察到，在這個時代各種數位高科技的快速成熟與撞擊下，現代企業與個人所面臨各種挑戰的蛛絲馬跡。數位科技改變了消費者行為，企業尋求數位轉型但資源永遠不足又要與時間賽跑；個人需要終身學習但各種技術與資訊爆炸性成長；而即將到來的 5G 行動通訊科

技（高頻寬、低延遲、廣聯結）預計將促成萬物互聯、深入影響各行各業。快速變動帶來新挑戰但更帶來新機會，而解開謎題的鑰匙之一，或許就在於企業與個人如何高效率地整合善用多領域的跨界智慧，集合眾人之智，持續尋找那隱而不顯、但終究可以觸動消費者發自內心WOW 驚嘆聲的創新產品與商業模式。

這本書是顏顧問集合他過去在金融體系歷練所打下的深厚基礎、在企管顧問公司輔導諮詢的實務經驗，再加上近年來對通信高科技產業的深入觀察後的另一本跨界大作。究竟在 5G 新時代裡，當「金融遇見科技」會碰撞出什麼樣的精彩火花？ FinTech 會為金融業打造什麼樣的網路銀行、開放銀行、未來銀行？什麼是智慧電商、智慧工廠、智慧辦公室？而能感動數位原生滑世代的新顧客體驗路徑又是如何？無論您是初探數位時代職場的新鮮人，或是需要快速學習的企劃工作者，還是跨界延伸的斜槓世代，想要深入觀察數位時代的快速脈動、尋找觸動顧客心扉的關鍵線索，且讓我們靜靜聆聽作者娓娓道來，並一起啟動快速學習的神奇按鈕，進入 John、這位智慧老人廣博如百科全書般、多彩繽紛的科技應用新世界。

林榮賜

中華電信 行動通訊公司 總經理 / 電信研究院 院長

推薦序 /

當科技遇見金融

　　台灣的第五代行動通訊已於今年正式跨入發展。雖然離正式商用運轉階段還需要一些時間，但各項創新應用服務的想法已然成形，各行各業皆期盼其推動產業創新升級及典範移轉的可能性。我國政府也納入「數位國家・創新經濟發展方案」的重點投入項目之一。

　　因 5G 具有超高速、低時延等特性，在金融產業的運用上有機會實現場景間的無縫銜接，讓即時金融服務成為可能，因此雖然目前 5G 的基礎環境還在建置，但已經有許多金融產業均在積極思考相關的應用。

我認為可以從三方面來思考 5G 在金融產業的應用：

1. **迭代應用：** 金融業非常重視使用者身份驗證的重要性，因此包括生物辨識（指紋辨識、臉孔辨識、聲紋辨識等）與遠端視訊的身份確認等應用尤其重要。若結合 5G 與物聯網和行動載具搭配，將可有效地達成無感辨識等基礎應用，讓雲端身份認證、雲端客戶服務與刷臉支付等情境實現。

2. **少中介化：** 過往金融業的服務往來極度仰賴實體分行與行員和顧客的互動，雖然台灣已經推動純網銀等科技金融發展，朝無實體銀行

邁進，但虛擬網路的使用體驗往往受限於環境與設備的頻寬穩定性無法高速化，例如貸款流程的訊息交流，身份辨識、交易確認等，過往絕大多數環節仍需客戶與行員面對面交流，才能確保相關資訊可靠性，現在因前述 5G 迭代應用的基礎，可讓人們隨時隨地都可以享受到近似實體據點的同樣服務，虛擬環境的體驗將十分接近現實，純網銀的許多應用都讓數位化更落地，減少不必要的中介化摩擦。

3. **流程效能：** 人工智能技術近年廣泛被用科技金融前端的各種智慧型客服領域，但在金融業中後台的流程，5G 結合人工智能等技術，可以更快速且有效地達到外部業務與內部風控流程的整合，讓風險管理更即時且透明，對於流動性風險管理將有極大的幫助。

　　許多 5G 在金融應用場景都還在討論與實作中交錯，透過本書內容將可得到一定的啟發。

梅驛

NEXT BANK 執行副總 / 漫畫愛好者

為未來生活拍部電影

　　科技快速變遷的脈動推拉下，生活型態一直變遷。人類早期商品貨幣時代，拿著貝殼、椰子進行買賣，絕對料想不到今日使用一張信用卡可以快意消費，更遑論摸不著、看不到的網路，居然可以扛起金融交易的重要角色。未來的互動，每個人可以不再倚賴傳統銀行作為金融中介，隨時隨地掌握相關資訊，迅速進行交易。這種生活型態，會呈現什麼鏡頭？

　　顏長川把現實尚未普遍出現的情境，一景一景描述，一句一句說明。他的故事中，未來街頭大道上不再是林立的銀行，進入「銀行4.0」，會隨客戶所需隨時隨地提供銀行服務，透過情境式參與的體驗，可以無障礙互動。傳統以銀行為交易中心的思維將被「去中心化」，手機就是分行，每個人都是交易中心，乃是階段性而客製化的中心概念。

　　未來的生活方式有多種轉變，或許在交易同時，與金融機器人聊天，機器人把當日股匯市行情收集報導，提供情勢分析，充實理財資訊。或許在自家客廳瀏覽金融脈動時，藉由擴充實境，一方面感受海上浮遊、雲霄翱翔的氣氛，一方面享受機器人自動送來的咖啡。或許個人中心化的程式設計下，依個人需求產生理財分析報告，等你勾選

投資項目，並可在社群互動、遊戲化機制中，拓展視野，相互交流。

達到此種情境，需要新創尖端技術到位。各種新型科技陸續發展，應用到各式金融商品與貨幣，有的已經成熟，有的尚在萌芽，各界正在努力消化之中，諸如區塊鏈、虛擬貨幣、5G、VR（虛擬實境）、AR（擴增實境）、MR（混合實境）、XR（延展實境），再加上AI（人工智慧）等，疾如旋踵的科技，風馳電騁。作為力拚競爭力的金融人，不能拄在原地無感呆望，勢必要快馬加鞭，追上潮流。

金融人應做的功課，首先須認清：滿足客戶的需求，是服務的基本思維。為滿足客戶的多樣需求，金融人必須不斷汲取金融與科技新知。作為銀行業負責人，須為銀行發展規劃藍圖。作者顏長川指出：銀行的型態，未來可能出現五種樣貌：改良式銀行、新型銀行、分散式銀行、委託型銀行、去中心化銀行。各式銀行同存市場，有著多元型態，乃是必然現象，而各類銀行的市場比例如何，自有消長。傳統的實體銀行即使不會全然消失，也將朝著式微方向減少；去中心化銀行即使無法全面占領市場，也將漸露頭角。

我在臺大財務金融系講授貨幣銀行學多年，談到貨幣演進史與銀行發展史，歷史鏡頭一幕幕呈現，快速地在腦中翻閱。現在展讀顏長川的書冊，想像中的未來鏡頭也跟著浮出。我曾服務過的金融監管委員會，已從以往著重監理傳統銀行業務，轉而打開純網銀空間，並在金融監理沙盒中包容新興創意的攪動。政府、業者、顧客，都朝著

未來眺望。

　　如同為未來生活拍電影的劇本初稿，未來科技介入生活的畫面，在本書陳述，引人入勝，等著讓人去摸索探究。新鮮、好奇，又讓人期待。

楊雅惠

考試院考試委員、臺大財務金融系兼任教授
曾任：金融監督管理委員會委員、中央銀行理事
中華經濟研究院研究員兼台灣所所長

在實踐中修正法則

　　吾友長川寫了這本 5G 時代的金融／科技戰，歸納出一些趨勢及工作法則。

　　任何跟 5G 有關的討論都有一定程度的改變思維習慣的作用。我自己因為工作領域的關係，也問過藝術界的朋友類似的問題，例如「5G 時代的藝術市場與藝術工作」得到的答案是：

1. 有人說 5G 改變了藝術場景，未來進美術館的人會被手機取代。藝術由美術館及街頭移向手機，由被動觀賞移向互動、由人的視角移向虛擬實境。

2. 有人說 5G 加速新型態媒體藝術：遠端可互動藝術作品、未來的全球協作取代場所創作、透過 AI，未來的創作將是：實體藝術家＋虛擬藝術家！

3. 有人說 5G 造成藝術通路變革：線上展覽、導覽、議價、拍賣、保證業務及藝品交易實時報價查詢，將取代人潮洶湧的拍賣會及藝博會。

4. 但也有人說 5G 沒有什麼本質的改變，因為藝術品投資是隨著市場變化而變化，科技進步對藝術投資影響不會直接顯現，只能說未來會有新的藝術與科技表現形式。

藝術界是如此，那麼在其他領域又是如何？以金融界來說，無論有沒有 5G，今年將進入網路銀行元年，但 5G 可能擴大了服務的可能性及表現形式，也就是說它的四個直接衝擊應該離不開場景改變、互動服務、實體虛擬整合、線上交易提升，真正最大的衝擊還不是 5G 而已，是人工智能＋大數據＋機器人，是一鍵購足食衣住行育樂的生態系服務！

長川兄在書中提到的內容非常廣泛，由開放銀行到虛擬價值轉換系統（虛擬貨幣加區塊鏈）；由去中心化到平台銀行、由行銷 4P 談到行動社群行銷的 4F……這些場景描述意在讓處於這個改變大浪潮的職人、經理人、員工、創業者，全都洗洗腦，拋棄過去的傳統智慧，重新定義為何而戰的「第一原則」，重新改變對工作方式的想像，重新建立「一切都在變之下自我快速修正的能力與態度」，我還是要特別強調：建立法則是人性不喜歡隨時修正的表徵，而未來愈固定的相信某些法則，愈容易出問題！修正才是王道，法則只是給你方向，你必須要在實踐中隨時修正。

常說「師父領進門，修行在自己」書中是教你了解準則，給予提示，並非抓藥治病；老師只是緣分，能促成你改變的只有你自己，能隨時修正行為（修行）的，也是你自己！

鄭家鐘

台新文藝基金會 董事長 / 台新銀行監察人

智慧「少年郎」

　　塞繆爾・厄爾曼（Samuel Ullman，美國商人、詩人……）曾在他著名的詩歌《Youth 青春》中描述，青春不是年紀的標記，它是一種具備決心、想像力，以及熱情的心態，展現出在人生春天中新鮮感的狀態。因此，有勇氣承認自己的不足，願意持續地學習，不會因年歲的增長就放棄理想與探險精神的人，就能青春永駐。

　　在我個人 FB「管理・自在。」的分享文中也提到，「人因學習而生，因不學而亡」，就是在強調，雖然形體的生、老、病、死無法避免，但是精神上永生卻可以因有目的、有計畫、有紀律的學習而達到。因此，「保持青春的唯一方法就是不停地學習」這句名言，就可以理所當然地套在本書的作者，號稱「智慧老人」的顏老師身上了。

　　自多年前和顏老師因工作關係而認識後，我就了解到顏老師是一位求知若渴，而且興趣極為廣泛的學習者。或許是金融背景出身所訓練出來的工作及生活態度，顏老師不但會有系統地將他獲得的資訊分門別類地放入他個人的資料庫中，而且會很有紀律且不間斷地內化這些死板的資料，將它們轉化成可運用在教學、顧問，以及生活指導上活生生的知識與智慧。難怪在公司中，顏老師雖然輩份不低，資歷也極豐富，卻能以身作則地屢屢獲得「最佳學習標竿」這項殊榮，讓年

輕的同事自嘆不如。

　　由於網路的方便、普及、低廉化，無數的資料被無限制地上傳到虛擬空間，再加上傳輸訊息的速度又不斷地加快，因此，在不落人後的驅動下，成天不停地接收訊息，拼了命的學習，成了現代人的習性與宿命。只是，這種到處瀏覽網站、聽聽直播、追劇、聊聊八卦或小道消息之類，不用大腦思考，只著重在收集訊息層次的淺層型學習並不是顏老師及我所尊崇的。只有可內化成我們的知識與智慧，擺脫人云亦云的深度學習，才是真正的人生高度。

　　顏老師在滑世代篇中提到，數據（data）必須賦予意義才能成為資訊（information），資訊必須被內化與整合才能形成知識（knowledge），而知識必須被驗證與重生才能產生智慧（insight/wisdom）。因此，顏老師在本書中特別整理針對 5G 新世代在金融界的可能議題，以及未來對 5G 應用的學習重點，是一本值得入手，可一探究竟的入門書。

　　當然，顏老師這位「智慧老人」（依照青春定義應是「智慧少年郎」）會繼續不斷地用各種方式來傳遞他的知識與智慧，讓我們驚豔。

邢憲生

陀飛輪系統創想者 / 企業暨個人生涯顧問

作者序 /

您必須掌握的 10 大趨勢

　　翻開台灣電信史，1G（1980 年／行動電話問世）→ 2G（1990 年／行動電話普及）→ 3G（2000 年／行動上網登場）→ 4G（2010 年／行動上網普及）→ 5G（2020 年／新科技 X 新應用 X 新商務）。如果說 1 ～ 4G 是改變生活，那麼 5G 將改變產業；如果說 4G 是十倍速時代，那麼 5G 將是百倍速時代。5G 的三大特性（高頻寬、低延遲、廣連結）使台灣面臨一個大的數位變革或轉型，並強化 4 個新領域──區塊鏈、虛擬貨幣、監理沙盒、沉浸體驗；產生 10 個最具潛力的應用場域──VR、AR、車聯網、智慧製造、物聯網、個人 AI 助理、智慧城市、智慧家庭、智慧路燈、智慧電表，及您必須掌握的 10 大趨勢（如下頁圖）。千萬不要說 5G 離你很遠，否則行家會提醒：「5G is coming」、「5G is real」；金融家將驚呼：「誰動了我的金飯碗？」

　　5G 百倍速時代所強化的四大領域中，區塊鏈和虛擬貨幣適用於各行各業，不僅僅是金融業；監理沙盒鼓勵各行業大膽創新，沉浸體驗則使消費者如身歷其境；茲分述如下：

1. **區塊鏈**──龐大、人人可用的一個全球帳本，能夠安全且私密地用它來儲存、交易、管理任何包括金錢、股票與債券在內的所有資產，或是音樂、選票、智慧財產所有權與憑證等有價值的東西。

2. **虛擬貨幣**──網際網路的現代，貨幣成了一項去中心化區塊鏈技術，稱為「虛擬貨幣」，目前約有 7,000 多種，「比特幣」是領頭幣，曾飆高到每枚值 2 萬美元。各國央行對它的評價褒貶不一，莫衷一是。

3. **監理沙盒**──在一個風險規模可控的環境下，針對金融相關業務、或遊走在法規模糊地帶的新創業者，在主管機關監理之下的一個實驗場所，讓業者盡情測試創新的產品、服務乃至於商業模式，並暫時享有法規的豁免與指導，並與監管者高度互動、密切協作，共同解決在測試過程中所發現或產生的監理與法制面議題。

4. **沉浸體驗**──指活動參與者進入一共同經驗模式，意識集中在很小的範圍之內，其他不相關的知覺和思考都被過濾，僅對具體的目標和明確的回饋有反應，並且對環境產生控制感；如 5G 新技術帶來的 VR（虛擬實境）、AR（擴增實境）、MR（混合實境）和 XR 延展實境（Extended Reality）等。

您必須掌握的十大趨勢

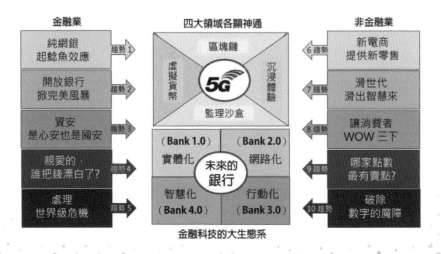

金融科技的大生態系

翻開台灣的銀行史,「金融科技」所構成的生態系帶給傳統的銀行業相當的壓力,促成階段性的發展,從 Bank 1.0(實體化)➔ Bank 2.0(網路化)➔ Bank 3.0(行動化)➔ Bank 4.0(智慧化);拜 5G 催生 Bank4.0 的概念,去中心化和去銀行化,令人不知哪些銀行會存活下來?純網銀會發揮鯰魚效應嗎?新微企業可以獲得融資了,信用小白也可借到錢了,尤努斯的普惠金融的理想終於實現。歐盟法案第二號支付服務指令,規定銀行必須開放銀行帳戶或信用卡消費等金融數據給金融科技創新;開放數據分享會造成個資外洩問題,有人提倡資安就是心安,甚至危言聳聽說:「資安就是國安」;同時也要防制洗錢,甚至連國際級的危機(新冠狀病毒)也要處理,最重要的是金融人員的工作態度要「完、好、快、樂、活」。

翻開台灣的行銷史,「數位匯流」所構成的生態系帶給傳統的行銷人員相當的壓力,促成階段性的發展,從行銷 1.0(銷售產品)➔行銷 2.0(滿足顧客)➔行銷 3.0(讓世界更美好)➔行銷 4.0(協助顧客自我實踐);拜 5G 催生行銷 4.0 的概念,以人本、內容、全通路、參與為主流,最好能讓消費者「wow」三下!移動新電商興起,新零售才是王道;客戶是神、點數是膠,大家都在拚「哪家點數最有賣點」?智慧手機能滑出智慧嗎?未來的工廠不必有電燈泡?未來的辦公室像遊樂場?即使非金融人員,仍需要數字觀念並破除數字魔障。

試著想看看(Picture it!):「一個 5G 時代的人,頭戴 AR 頭盔、眼戴 VR 眼鏡、手拿折疊式/多鏡頭的 5G 手機;跟將來銀行(Next

Bank）在線上申請一張無卡信用卡只要 6 分鐘，卡會放在行動錢包 Hami Pay 的 App 裡面並贈送 600 Hami Points，可以扣抵電話費或看 MOD 的熱門電影，也可以到便利店喝杯咖啡，順便繳水電、瓦斯費、學費、停車費、稅金……等，更可以贈送或與諸親友交換點數，甚至和各便利商店的點數和航空公司的里程數互換，我只要拿著手機「隨」處「嗶」一下就可到「無人商店」解決「食衣住行育樂＋醫養」，快樂似神仙；在路上可「追劇」，回到家可躺在沙發上用嘴巴叫 MOD 換頻道看 Netflix 的 4K 節目，用「i 寶貝」聽古典音樂或操作各種家電；每天坐自駕車上下班，把 80% 的例行工作交給比林志玲還漂亮的「萬能小秘」去處理，還幻想在 2024 年坐「藍月」（Blue Moon）到月球觀光哩！」這已經不是天方夜譚，而是不可不知的新時代趨勢。

/推薦序/ **當金融遇見科技～林榮賜** ……… 003

/推薦序/ **當科技遇見金融～梅驊** ……… 005

/推薦序/ **為未來生活拍部電影～楊雅惠** ……… 007

/推薦序/ **在實踐中修正法則～鄭家鐘** ……… 010

/推薦序/ **智慧少年郎～邢憲生** ……… 012

/作者序/ **您必須掌握的 10 大趨勢** ……… 014

★ Part 1

環 境 篇 »
5G 的新領域和金融業

① 迎接 5G 新世代 ……… 024

② 四大領域各顯神通 ……… 031

③ 未來銀行的五種樣貌 ……… 041

④ 金融科技的大生態系 ……… 048

★ Part 2

趨 勢 篇 »
您必須掌握的 10 大趨勢

① 純網銀起鯰魚效應 ·············· 056

② 開放銀行掀完美風暴 ·············· 068

③ 資安是心安也是國安 ·············· 077

④ 親愛的，誰把錢漂白了？ ·············· 090

⑤ 處理世界級危機 ·············· 098

⑥ 新電商提供新零售 ·············· 112

⑦ 滑世代滑出智慧來 ·············· 121

⑧ 讓消費者 WOW 三下 ·············· 131

⑨ 哪家點數最有賣點？ ·············· 136

⑩ 破除數字的魔障 ·············· 150

★ Part
3

個人篇 »
5G 從業人員之因應

① 金融人員的工作態度 ·············· 158

② 非金融人員的數字觀 ·············· 169

③ 人生的成功方程式 ·············· 176

★ Part 4

工作場所篇 »
5G 場域氣氛之營造

① 智慧製造的關燈工廠 ……………… 186
② 幸福的樂活辦公室 ……………… 192
③ 未來的 G2 世界 ……………… 200

附圖表及案例

/附圖/

移動通信 1G ～ 6G 發展 ……………… 025

5G 特性及其應用場域 ……………… 027

中華電信的業務架構 ……………… 029

台灣的數位建設 ……………… 030

金融科技的大生態系 ……………… 052

API 金融應用模式 ……………… 071

開放銀行的生態圈 ……………… 074

危機處理流程圖 ……………… 105

三張財務報表 ……………… 171

恆毅力 ……………… 179

|附表|

中華電信 5G 垂直領域應用 …………………… 028

台版監理沙盒 …………………… 035

已核准監理沙盒案件一覽表 …………………… 035

未來銀行的五種樣貌 …………………… 047

金融業負責人條件 …………………… 054

傳統銀行 vs. 純網銀 …………………… 059

台灣三大純網銀申請團隊一覽表 …………………… 066

台灣三家純網銀之展望 …………………… 067

網路犯罪的生態系 …………………… 085

常見的洗錢手法 …………………… 096

新冠肺炎 vs. 其他病毒 …………………… 099

跨國企業因應之道 …………………… 103

全球防疫大作戰 …………………… 108

傳統電商 vs. 新電商 …………………… 116

新電商的獲利公式 …………………… 120

各種世代分類表 …………………… 128

顧客體驗路徑之演變 …………………… 132

台灣行動支付點數市場概況 …………………… 141

每月 Top10 夢幻產品 …………………… 143

Hami Points 點數交換對照表 …………………… 144

金融人員的行事風格 …………… 163

數字管理的七大手法 …………… 175

人生的八大需要 …………… 208

|案例|

兩起竊電挖礦撈金，台電追懲罰性賠償 ………… 039

台灣純網銀於 2019 年 7 月 31 日發出核准執照 … 064

日本瑞穗銀行 …………… 075

數位神探用科技辦案 …………… 088

都是 Covid-19 惹的禍 …………… 110

LINE Points 點數愈來愈難鑽 …………… 145

樂天超級點數 …………… 147

SOP 狂 vs. SOP 控 …………… 164

穿著 Armani 的惡棍 …………… 165

用堅持把信念變鑽石 …………… 182

靜坐轉化身心靈 …………… 198

環境篇

5G的新領域和金融業

1 迎接 5G 新世代

國際電信聯盟無線電通信部門（ITU-R）於 2012 年所訂立的 IMT-2020 與未來發展藍圖，展示 5G（第五代流動通訊技術）未來的發展願景及技術研究。自此之後，全世界的國家、產業組織與國際公司紛紛投入發展 5G 的行列。第三代合作夥伴計畫（3GPP）亦已按 ITU 訂明的要求制定新的 5G 國際標準，讓各國能夠參考及檢視其發展進程。根據 2019 年底德勤發表的報告，韓國與美國最早於 2019 年 4 月開通 5G 商用網絡；其他多國亦紛紛跟進，包括英國、澳洲、芬蘭、西班牙、義大利和德國……等；行動寬頻與物聯網為 5G 發展之二大主軸，世界各國就循著這兩大主軸如八仙過海，各顯神通了；全球行動通訊系統協會（GSMA）估計：5G 技術將於 2024 ～ 2034 年間，為全球經濟貢獻 2.2 兆美元（約新台幣 67 兆元）

台灣（1G）的電話行動化，令人印象最深刻的是一部磚頭大的「黑金剛」，一度是台灣大哥大的標準配備（隨行小弟扛著），是黑社會地位的象徵；發展至 5G 新世代，即將看到人手一台 5G 的智慧手機。台灣的數位建設，從總統府、立法院、行政院、國發會、資策會等相關單位到五大電信業者，無不卯足全勁，為建設美麗的 5G 新世界而努力！

台灣的 5G 發展史

科技進步改變了人類生活型態，從教育、醫療、交通、娛樂，均因新科技帶來完全不同的互動。在移動通信方面，隨著頻譜的釋出與數據傳輸的技術升級，從第一代（1G）的電話行動化，（2G）收發簡訊，（3G）收發圖文，（4G）的行動服務雲端化，讓手機從單純的通話設備，變成可以處理多項工作的智慧型裝置，可上網觀賞影劇視訊，（5G）的來臨及進入商用階段，因具傳輸速度更快、高頻寬、高密度及低延遲等特性，有利發展大數據、人工智慧、物聯網……等服務，可帶動高品質視聽娛樂、智慧醫療、智慧工廠、自駕車、無人機、智慧城市等加值創新應用，（6G）的萬能小秘化，手機變成萬能的小機器人，星際旅行成為可能，飛碟滿天飛……等（如附圖）；簡直是天方夜譚！

▶▶ 附圖一：移動通信 1G ～ 6G 發展

　　為掌握 5G 蓬勃發展，以及帶來龐大的商務契機，行政院於 2019 年 5 月 10 日核定「台灣 5G 行動計畫」，預計 4 年投入 205 億元，以鬆綁、創新、實證、鏈結等策略，全力發展各式 5G 電信加值服務及垂直應用服務；預計 2020 年邁入 5G 世代，隨手可得 5G 智慧好生活；準備培育應用人才 4000 人、10 個成功新創團隊、創造年產值 500 億元的產業供應鏈和 10 大應用領域，人人準備迎接 5G 新生活。

　　國發會為促進台灣走向高階製造，2021 年 5G 的相關預算高達 800 億元，主要來自 5G 行動計畫、前瞻基礎建設、科技預算等，以加速推動發展 5G 產業，包括 5G 自主研發、基礎建設、5G 場域、5G 應用發展等。

　　資策會歷經 4 年的打磨，研發出一套 5G 核網（III 5GC），具有容器化硬體資源省 80％、輕量化降低部署成本、標準化接軌國際大廠、管理化雲端輕鬆推進等特點；若未來台灣的 5G 艦隊能整合國產核網、網通、伺服器等業者，積極朝商轉邁進，將助攻合作廠商一起進軍 5G 企業專網市場，為國內外 5G 企業專網場域提供技術、服務、應用場域一條龍服務；完全配合 5G 旨在提高行動電話對更多服務領域的適用性，除了一般大眾服務，5G 將更深入垂直產業應用，支持多樣場域。

>> **附圖二：5G 特性及其應用場域**

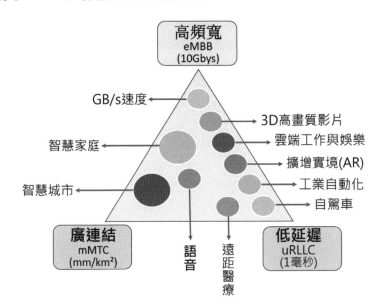

因應 5G 的電信業務系統

　　台灣五大電信業者在 2020 年 5G 服務開台後，無不加速提供應用服務衝刺 5G 用戶數。於 2020 年 6 月 30 日領先開台的中華電信喊出了 2020 年底前要達到 30 萬用戶的目標，有機會衝到 50 萬用戶；2021 年 6 月前應可達到 5G 百萬用戶；5G 基地台 2020 年底前建設超過 4,200 台；2021 年的 5G 資本支出將會超過百億元。

　　在企業客戶方面，中華電信 5G 垂直領域應用，建構了國內上中下游 5G 生態鏈，共創七大類、13 項垂直領域整合黃金圈（如下頁附表）。

▶▶ 附表：中華電信 5G 垂直領域應用

項　目	應　用　情　境	備　註
企業專網	智慧製造、智慧醫療、車聯網	共享、專用、切片
智慧巡檢	智慧空中 智慧地面	無人機
智慧影音 串流應用	智慧行動、智慧視訊會議 智慧高速影音串流	SNG
AR 企業應用	工業視覺、視訊協作 導覽展銷	可搭配 AR 眼鏡使用
智慧救護 遠距照護	串聯通訊 醫療專業	醫療照護零距離
智慧交通	智慧停車、智慧鐵道、智慧船舶	自駕車
智慧三表	水、電、瓦斯表 建構 AMI 通訊系統	掌握用水、電、瓦斯表資訊

▶▶ 附圖三：中華電信的業務架構

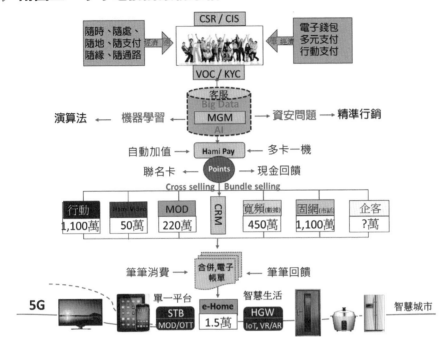

🌐 台灣的數位政策與市場

在數位匯流及金融科技的全球趨勢下，蔡英文總統很早就把台灣定位為數位國家、智慧島嶼，同時提出 5 ＋ 2 創新產業的概念（亞洲矽谷、生技醫療、綠能科技、智慧機械、國防航太）＋（新農業，循環經濟）；立法院也成立數位國家促進會配合；行政院科技部提出約 9000 億元的預算努力做前瞻基礎建設（軌道、水、綠能、數位、城鄉），同時從國發基金撥 1000 億元，用 Digi ＋方案來拚數位建設；經濟部工業局則專注在智慧城市，期望能應用 4G ／ 5G 的智慧寬頻，

由政府提供數位政策和市場，由 7 大領域的 21 家業者成立國家隊，建
構一個物聯網（IoT）大平台，從製造、能效、農業、商業、醫療、交通、
家庭、物流……等方面，用智慧來串連，成為一幅美麗的 5G 新世界！

▶▶ 附圖四：台灣的數位建設

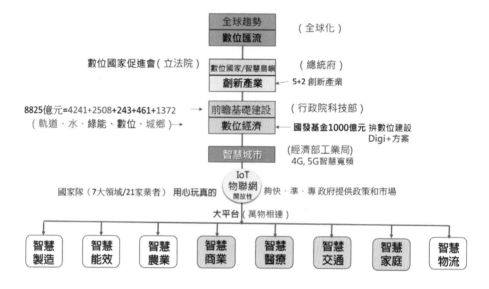

② 四大領域各顯神通

智慧手機的使用者們目前最夯的問候語：「您5G了嗎？」；高通企業認為「5G是一個發明服務平台（XaaS）」，通訊業者先將5G增添附加價值提供給「服務供應商」，再由其轉化為新功能，提供給終端客戶，了解終端客戶的痛點，可深入運用提供智能客服和精準行銷；同時服務供應商擁有愈多個資愈能掌控風險；再透過評分及加分機制可讓消費者有感，如車險業的「PHYD」（Pay How You Drive），意思是說：「如果你是一個安全駕駛，就可以少繳一點保費了！」。

5G＝服務（SERVICE）＋智慧（SMART），四大領域即——區塊鏈、虛擬貨幣、沉浸體驗及監理沙盒將各顯神通；很多人都誤以為是金融業的專利，其實各行各業都可加以運用：「區塊鏈」是下一代的互聯網、「虛擬貨幣」是虛實世界的橋樑、「監理沙盒」小型實驗室、「沉浸體驗」是五感實境感受；歡迎大家儘快加入5G行列，早一步享受5G手機帶來的便利。

🌐 「區塊鏈」是下一代的互聯網

　　第一次聽到「區塊鏈」的人大概都是一頭霧水？細究之下：「去中介化，通過自身分散式節點進行網路數據的存儲、驗證、傳遞和交流的一種技術」，還是一頭霧水？最後用通俗的白話解讀：「一種不依賴第三方、不可竄改、可加密⋯⋯等的技術，是下一代的互聯網」，仍然一知半解？但全世界的人幾乎都已把它談成神話，只好裝作似懂非懂：「區塊鏈和虛擬貨幣像是難兄難弟，目前聚焦在金融應用（票據徵信、證券交割、募資平台、跨境支付、貿易融資、反洗錢⋯⋯等），爾後可和眾多產業結合（醫療、物流、能源、農業、食品⋯⋯等），甚至還可選舉防弊。但「神話追不上現實」，目前約僅1％的公司有用到區塊鏈，8％的公司列為短期規劃或實驗中，其餘的公司還不感興趣；正在等待一場「區塊鏈革命」！

　　信賴協定（Trust Protocol）是區塊鏈的運作基礎，背後技術很複雜，但概念卻很簡單，可讓金流不須中介直接從A到B，可讓資訊儲存和線上交易更迅速、更低成本、更安全和更少出錯；全球分散式帳本是信賴的基礎；區塊鏈未來的設計是朝著可靠、分散、價值、安全、隱私、權益、普惠這七原則去進行革命。

　　區塊鏈是比特幣等多種虛擬貨幣的基礎技術，目前已發展成一個龐大的技術生態，或者說它是一個新平台，可創造一個公平的競爭環境。如果有人問：「有沒有一種可以解決機會不均等、過程不透明、財富不分配、社會不正義、中介不適當的技術？」；唐・泰普史考特

會回答：「有！區塊鏈！」。

「虛擬貨幣」是虛實世界的橋樑

隨著生活型態越來越數位化，實體經濟交易正在虛擬化：我們也越來越頻繁使用電子錢包、線上刷卡、行動支付系統……等，反之亦然，因為上網時間越來越長，數位形式的虛擬貨幣，也一步步入侵實體經濟，讓人不必花真實的金錢，也能進行實體消費；亞馬遜幣可以購買亞馬遜網站上的所有實體商品、有人把常客（frequent-flyer）的飛行里程數換成現金後飛到美國接受醫療照顧、Xbox 遊戲賣場玩家可用「微軟點數」在網飛（Netflix）租電影。

任何個人與企業只要了解其中的運作機制，就能發行虛擬貨幣並從中獲利，可說充滿了機會；但若不法使用如詐騙、逃稅、洗錢、賭博、操控價格……等，則會衍生出不少風險；同時挖礦耗電量高又不環保（請見後文案例），各國政府對虛擬貨幣既期待又怕受傷害；有意發行的國家如瑞典、加拿大、中國、印度、俄羅斯等，而歐盟、日本、以色列、澳洲、紐西蘭則無意發行；如何發行又是一個頭痛問題：是法定貨幣的虛擬化或在既有法幣下又發行另一法幣？又或僅是一般投資商品？

可以想見，未來的錢包裡除新台幣、美元、日圓外，可能會有便利超商點數、信用卡回饋金、航空公司里程數、比特幣、《魔獸世界》

金幣……等；市面上可能出現無數的虛擬貨幣，可用來購買巧克力棒、付學費、買房子……等，而「數位價值移轉系統」有自動轉換機制，讓任何交易都可能實現！

虛擬貨幣和傳統貨幣最大的不同在它能讓使用者更自由、更自主、更快樂！而虛擬貨幣進入實體經濟有兩個途徑即自下而上的滲透和自上而下的對接；當這兩條途徑相遇，就是虛擬貨幣的引爆之時；可與其他貨幣兌換、可存入銀行或電子錢包、可直接購買實物、可贈與做公益、可移轉給他人……等；請記住：「虛擬貨幣是虛擬世界和真實世界的橋樑」（VC=O+O）；而行動支付所形成的數位貨幣將成為科技業和金融業的「新藍海」，本無國界的互聯網將因去全球化而出現「新國界」。

「監理沙盒」是小型實驗室

「監理沙盒」（Regulatory Sandbox）是一項創新實驗機制，為因應快速發展的金融科技趨勢，在風險可控制範圍內，讓業者於一定期間內，測試自己的創新產品或服務，而享有法律豁免權，不受到既有法律規範。台灣是在 2017 年底三讀通過〈金融科技發展與創新實驗條例〉，是繼英國、新加坡、香港與澳洲之後，第五個正式實施的國家；也是「全球第一部監理沙盒專法」，而其它國家是採取不成文法。

▶▶ 附表一：台版監理沙盒

項目	內容說明	備註
法案名稱	金融科技發展與創新實驗條例	第 5 個國家實施 第 1 部成文專法
主管機關	金管會	參考英國版 Regulatory Sandbox
適用對象	金融與非金融業者皆可提申請	英國以科技新創為主 台灣以傳統銀行為主
實驗期間	以 1 年為限，可申請延長 1 次、最長 6 個月；涉及修法，最長可延長至 3 年	上路兩年只核准 7 件
審查規定	外部專家學者比例高於 1/3，不多於 1/2 審查期間 60 日	遞件前可申請輔導

　　金管會在 2018 年 5 月起開放業者申請，並設定一年申請案要達十件的目標。根據金管會統計，截至 2019 年 2 月底，共有 13 件申請案（2 案駁回，1 案自撤）；截至目前為止，僅核准 7 件。

▶▶ 附表二：已核准監理沙盒案件一覽表

案名	內容綱要	申請單位	備註
電信行動 身分認證	信用小白用手機號碼就可以貸款	凱基銀行 中華電信	線上信貸及 信用卡
旅遊保險 一站式服務	旅平險一站購足 （1 分鐘／五道程序）	易遊網 國泰人壽	異業結合

跨行轉帳交易技術	只要輸入對方手機號碼／10秒內完成轉帳	台北富邦銀行台新銀行	跨境匯款、支付
新型態網路基金交換平台	以區塊鏈為基礎的點對點社群交易模式	好好投資遠東商銀	經營模式的改變
小額跨境匯款	節省匯款時間、降低轉帳成本 痛點：SWIFT／2~3天	香港商易安聯（EMQ）	越南、印尼、菲律賓
小額跨境匯款	可在超商、統振4個自營門市	統振	越南、印尼、菲律賓、泰國
基金T+0申續技術	當天可申購續回	群益證券群益投信	T5或T6 T0

「沉浸體驗」是五感實境享受

　　沉浸體驗是指活動參與者進入一共同經驗模式，意識集中在很小的範圍之內，其他不相關的知覺和思考都被過濾，僅對具體的目標和明確的回饋有反應，並且對環境產生控制感；如5G新技術帶來的VR（虛擬實境）、AR（擴增實境）、MR（混合實境）和XR（延展實境）等；國發會有一個《XR EXPRESS TW計畫》，將輔導國內166家AR/VR事業，預估XR產值2022年可達1,050億美元，未來3～5年，各商業領域應用XR將成常態。

　　經濟成長會提升人民的消費能力，而VR、AR、3D投影的技術逐漸成熟；再加上5G技術的普及，未來一年內，沉浸體驗的商機應

用，將使各式的活動遊戲化、生活化，過去所有的消費體驗全面升級，讓博物館、主題樂園……等「動」起來、「亮」起來、「活」起來，大家的共識：「體驗比參觀更為重要」。

沉浸體驗在 2021 年日本東京奧運登場之前，可望看到更多技術上的突破，用戶未來將彷彿實際置身於虛擬世界，享受五感更真實、完全沉浸其中的體驗！除娛樂領域外，透過 VR 逼真且安全的情境模擬、虛實互動，可反覆演練並記錄、分析的特色，沉浸體感科技更能應用在海洋、醫療、教育、製造等不同產業的嚴肅遊戲。

科技業界近幾年已推出不少 AR 與 VR 的相關產品，但礙於沒有殺手級應用，並無法融入日常生活使用，且產品離真正的理想仍有一大段距離，因此要將這些產品推向消費者市場仍有「價格太高」、「空間不夠」的挑戰；因此短期這類應用還是以「企業級」為主。高通企業推出全球第一個支援 5G 連接的 XR 平台，同時融入 AI、AR、VR 及 MR；帶起 XR 的趨勢，成為下一代行動裝置的主流技術，且有能力取代現有的電腦及手機螢幕。一旦 XR 有從企業步入「家庭」的趨勢，只要「量」一出來，XR 就將成為 IC 設計公司下一個主戰場。

四大領域，各顯神通

「區塊鏈」能夠補充與強化現有的事業模式，它將增進保障與安全性，並且讓使用者降低成本，使金融服務業和個人都明顯受益；但

區塊鏈也大大降低了新進者的進入障礙，它們可以提供不同於傳統金融業的服務，在每一個競爭的市場上，強力挑戰原來存在市場的大咖。

Facebook 就像是一個有 27 億國民，佔全球人口四分之一強的虛擬國家，準備用區塊鏈發行自己的「天秤幣（Libra）」，只要有手機，就可 P2P，跳過傳統金融體系，展現低成本、高效率；較比特幣具完整貨幣功能、幣值相對穩定，直接挑戰主權貨幣；簡直就是全球網路的中央銀行，引起各國政府的恐懼，後續發展值得密切注意。前行政院長陳冲說：「若 Facebook 發行 Libra 幣，將敲響金融業的警鐘。」

台灣首件監理沙盒實驗——凱基銀行與中華電信攜手「電信行動身份認證」，結合手機行動認證，符合「滑世代」需求，解決年輕人（信用小白）無金融帳戶無法認證的限制，安全性更高。間接地也提升銀行競爭力；除了有助於銀行吸收更多客源，並推展「普惠金融」之外，直接透過電信第三方認證機制，不僅可做身份上的驗證，還能透過其電信費的繳交是否正常？來協助判斷銀行借款風險等級的高低。

宏達電前 CEO 周永明創辦未來市（XRSPACE），推出世界首款社交實境 5G XR 平台 XRSPACE 以及首支支援 5G 的 VR 一體機裝置 XRSPACE MANOVA。5G 時代到來，很多創新會與以往不同，而 XR 比智慧型手機發揮的空間更大，可帶動眾多的創新，讓台灣經驗再領先全球；永慶房仲與 XRSPACE 合作，超前部署 5G，讓消費者享受 XR 沉浸式看屋體驗！

案例　　　　**兩起竊電挖礦撈金案，台電要追懲罰性賠償**

台北市 57 歲的楊姓父子三人檔，在新北市淡水區、桃園市龜山區設置 12 處比特幣、以太幣、達世幣等虛擬貨幣挖礦場，並裝設 1,090 台挖礦機、電腦 12 台、手機等牟利；為節省高額電費，涉嫌偷接台電線路，一年多來竊取高達 8,500 萬元電費，日前被刑事警察局偵八大隊搗破，平均每個月可挖到 4~5 顆比特幣，初步估計不法獲利超過 3,000 萬元；台電將循法律程序求償，且將加計 0.6 倍的懲罰性賠償，亦即求償金額將高達 1.36 億元。

台中市 31 歲林姓男子夥同 32 歲洪姓友人，以租屋和竊電方式，將房子闢為比特幣挖礦場（203 台採礦機＋ 30 台電腦）；兩年來約挖到 10 萬多個單位比特幣，售得 290 多萬元。2020 年 3 月被台電會同警方查獲，2 人不僅被依竊盜等罪起訴及沒收不法所得 290 多萬元，台電推估 2 人竊電超過 514 萬度，提告追償電費逾 3000 萬元。台電表示：「非法設置電氣設備會產生高溫，即有可能會發生電線短路引發火災，危害民眾生命財產與安全。

2017 年 12 月 15 日，比特幣曾飆升至 19,650 美元，隨後熊市來襲，2018 年一度跌至 3,000 美元，之後出現回升；2020 年以來表現亮眼，不但重返 10,000 美元，還飆破 20,000 美元（2020 年 12 月 16 日市值 21,279 美元）。

比特幣發行至今已有 12 年，目前民間的「數位貨幣」已有 7,000 多種，各國的「數位貨幣」與其央行的「法定貨幣」的競爭，才正要開始。

③ 未來銀行的五種樣貌

資深銀行家如數家珍:「銀行 1.0」是指以分行為主要客戶通路且時空受限的古老傳統「實體銀行」;「銀行 2.0」是自助銀行設備出現,有史以來第一次銀行在打烊後,還能提供服務;銀行開始使用 ATM,並在 1995 年因 Internet 開始商業化而加速的「網路銀行」;「銀行 3.0」是智慧手機於 2007 年出現,越來越多的交易轉移到行動支付、P2P……等現象的「行動銀行」;「銀行 4.0」是透過技術會隨客戶所需即時提供內建的、無所不在的銀行服務,這種服務有即時的、情境式參與的體驗、無障礙的互動,並由 AI 的建議層主導;絕大多數都透過數位全通路,完全不需要實體營運據點,很像是「純網銀」。銀行 1.0、2.0 和 3.0 如今依然存在,甚至精算的話,不過是 2.5 而已;真正全數位化且想朝銀行 4.0 邁進的銀行,全世界大概只有數十家。

未來銀行將會「去中心化」,這時候每個人都是中心,不必依賴第三者;「去銀行化」的話,每一隻手機就是一家分行,難怪全球的分行在縮減中;只有最優秀而非最龐大的銀行可以存活,未來銀行可以是傳統銀行加以改良,可以是新設的純網銀,更可以從大型金融科技公司蛻變而來。

🌐 去中心化，每人都是中心

　　布雷特‧金恩（Brett King）有人尊稱他為「銀行王」（the King of Ban King），又稱「銀行創新教父」；他同時也是評論家、商業未來趨勢家；曾在 50 多個國家進行演講，以「科技將如何顛覆現有企業？如何改變行為並影響社會？」為主題，聽眾破百萬人。他也曾主持一個全球可收聽的廣播節目「Breaking Banks」（超過 150 多個國家播出 /650 萬名聽眾）；他又是 Moven 新型銀行的創辦人，全球第一家可用手機下載開帳戶的銀行。他匯集了全球金融科技業中一些知識最淵博、經驗最豐富的人物，針對最新的大趨勢提供權威的指引，寫成《Bank4.0》；金融科技革命進行中，是危機或轉機？對銀行來說，一切是否已太遲？誰決定存活或滅亡？在金融科技公司工作的人要讀這本書，在傳統銀行工作的人也要讀本書，否則五年內將失業。

　　就技術觀點來看未來的銀行，要重新設計一個全新的銀行系統，需應用「第一原理」（First principle）思考，先努力找到最基本的真理，再從而推演出後續步驟；也就是探究客戶最根本的需求及體驗，而非銀行有什麼產品；馬斯克設計 SpaceX 火箭或是賈伯斯設計 iPhone 都是範例。

　　未來的銀行會是將金融服務內建（embedded）在汽車內，可以自動支付無須卡片或是無人駕駛的計程車可自動計算車資並支付過路費。如果將金融服務內建在亞馬遜的 Alexa 及 Apple 的 Siri 等，可依指示執行支付、預約、進行交易、查詢資訊、存款及投資等。區塊鏈所應

用的分散式帳本技術（Distributed ledger technology），不需依賴第三方，通過自身分散式節點進行數據的傳遞、交流、驗證和存儲的一種技術，是許多事物應用「第一原理」的基礎；也就是「去中心化」的特徵。

「去中心化」（Decentralization）是一種現象或結構，只能出現在擁有眾多用戶或眾多節點的系統中，每個用戶都可連接並影響其他節點。換句話說，就是每個人都是中心，每個人都可以連接並影響其他節點，成為一種扁平化、開源化、平等化的現象或結構。去中心化，不是不要中心，而是由節點來自由選擇中心、自由決定中心。簡單地說，中心化的意思，是中心決定節點。節點必須依賴中心，節點離開了中心就無法生存。在去中心化系統中，任何人都是一個節點，任何人也都可以成為一個中心。任何中心都不是永久的，而是階段性的，任何中心對節點都不具有強制性。

🌐 去銀行化，手機就是分行

2018 年以來，全球銀行業加快分行裁撤步伐，將資源轉移到網路銀行服務，位居美國第二大的美國銀行，在近 2 年內關閉本土逾 500 家分行；法國第三大的興業銀行，計畫在 2020 年前關閉本土分行達 400 家。其他如英國匯豐、渣打、美國摩根大通……等跨國銀行，也都有大規模關閉分行及裁員的計畫，以便大步跨進「去銀行化」（De

Banked）的 Bank 4.0 時代

　　未來的銀行除了具體的總行和客服中心外，其他的業務功能大部分都已數位化，拿著手機到處「嗶」一下就可處理約 80％的金融業務；這是「去銀行化」的先聲。再經過一段時候，僅憑一張臉、一支嘴和一副眼鏡就可如入無人之境，一面處理銀行業務一面跟金融機器人聊天；刷臉認人、語音辨識、擴增實境……等功能，全都跟生活緊密結合，進行情境式參與。

　　比爾・蓋茲在 1994 年就說出：「Banking is essential, Banks are not.」；有人懷疑：「金融科技和科技金融，是敵？是友？」；甚至還有「去銀族」直白：「金融科技正在扼殺、顛覆、取代銀行。」；某個金融專家說：「有些銀行會玩完，但不是所有銀行都會斃命」。

🌐 哪些銀行會活下來？

　　百視達 CEO 吉姆・凱伊斯（Jim Keyes）曾說：「說到競爭，我們根本沒把網飛（Netflix）放在眼裡」；權力僵固、蒙受過時技術之害、信任問題、改善不足、參與者不斷的談顛覆、高階主管回應變化慢、不察使用銀行方式已改變……等現象，是銀行即將被顛覆的訊號！重視技術人員、雇用千禧和 Z 世代人才、不再雇銀行家、保持敏捷、數位互動流程……等措施的銀行才能存活。

華爾街上唯一一家歷經 150 年屹立不倒的巨擘，全世界歷史最悠久及規模最大的投資銀行之一是高盛集團（Goldman Sachs）。從 90 年代以來就開始飽受爭議，有人將它視作投資銀行界的榜樣，而更多人將它視作貪婪的吸血鬼，高盛彷彿成了欺詐、投機的代名詞。高盛起家於它專做那些大咖銀行不屑做的商業票據，並做到全美第一；20 世紀初高盛與雷曼兄弟合作證券承銷業務，成為真正的投資銀行，名聲到達頂點。

高盛集團的聲譽來自最重視的三大要素：客戶、股東和員工；客戶利益永遠至上、為股東帶來優越的回報和為每個工作崗位物色和招聘最優秀的人才。積極預測快速變化的客戶需求，並致力於開發新的服務去滿足這些需求；積極進取地尋求擴展與客戶的關係，但堅決秉承公平競爭的原則，絕不會詆毀競爭對手；員工將正直及誠信奉為業務的根本，一切工作都強調創意和想像力，晉升的條件是能力和業績；違反保密原則或是不正當或輕率地使用機密信息都是不可原諒的；強調團隊精神，不容忍置個人利益於公司和客戶利益之上的人；公司成功的一個重要因素，是員工對公司的奉獻以及對工作付出的努力和熱忱超越了大多數其他機構；視公司的規模為一種資產並對其加以維護，認為只有「最優秀的銀行，而非最龐大的銀行」，才會存活下來。

🌐 未來的銀行樣貌

科技進步激勵金融創新，帶來機會與風險。中央銀行指出，金融科技日新月異，促成銀行金融業務與服務加速創新，未來銀行可能有五種樣貌，包括「改良式銀行」、「新型銀行」、「分散式銀行」、「委託型銀行」與「去中心化銀行」。中央銀行指出，根據 IMF 研究，長久以來，金融服務一直受到科技的影響，從 12 世紀的票據交換，到近代的自動櫃員機（ATM）、電子交易、網路銀行、行動銀行、點對點（P2P）交易與區塊鏈等。

星展銀行認為數位金融的邊際成本為零、完全可以複製且以光速傳遞，無所不在又完全無感像空氣；因而全心進行「數位轉型」，2016 年就獲《歐元雜誌》評估為「全球最佳數位銀行」；至 2018 年底可提供 350 個 API，自製系統 80％具備上雲能力，串連 50 多家合作夥伴。星展銀行早於 1983 年就已進入台灣成立台北分行，目前以成為「台灣第一名的外商銀行」及「台灣第一名的金融科技公司」為目標，魚和熊掌兩個都要。

全球進入 Bank 4.0 時代，銀行服務將無所不在，結合智慧裝置及人工智慧等技術，提供融入日常生活且互動的金融服務，不受時間與地域限制。在 Bank 4.0 時代，藉由分析消費行為及應用情境，即時提供更好的理財與消費建議，提升客戶對金融服務的情感依賴及黏著度。央行表示，「未來銀行服務（banking）可能不在銀行（bank）」。換句話說，銀行服務到處都在，只是不一定發生在銀行裡。也就是說：「金

融常在，銀行不在」。

▶▶ 附表：未來銀行的五種樣貌

種類	樣貌描述	備註
改良式銀行	運用科技，改良既有的商業模式 調整使用者介面，維持客戶關係及核心業務	傳統銀行
新型銀行	運用先進科技提供數位金融服務 直接經營客戶關係	純網銀
分散式銀行	各依專業，透過數位平台 提供特定具利基的服務	傳統銀行 金融科技公司 大型科技公司
委託型銀行	純粹提供金融商品，而銷售及客戶關係維持 委託給金融科技公司或大型科技公司	傳統銀行
去中心化銀行	直接透過平台提供金融服務	金融科技 大型科技公司

資料整理：顏長川

④ 金融科技的大生態系

金融科技（FinTech）是由金融（Finance）和科技（Technology）兩個字的頭部所組成；依美國賓大華頓商學院金融科技俱樂部（Wharton FinTech Club）的定義：「由一群使用科技來增加金融系統效率的公司所組成的經濟體」；先有科技，再談金融；以客戶為核心，服務為手段，金融只是工具而已；應用的是新客群、新載具、新平台及新通路；肯亞在 2007 年推出全世界第一個行動支付服務、盧安達居然運用大數據推出個人信用保險商品、中本聰在 2008 年底就提出虛擬貨幣的概念……等；世界各國受這些現象激勵，奮起直追，讓 FinTech 變革在全球各地呈現爆炸式成長，連一向視金融為特許行業須嚴加監督的台灣，也不得不把 2015 年定位為金融科技元年，總算聽進銀行創新教父布雷特・金恩（Brett King）的話：「要先改變那些拒絕改變的銀行家」了。

5G 的金融業 vs. 非金融業是一場大戰，Citibank 絕對想不到Amazon 有朝一日會變成可怕的對手？螞蟻金服的 IPO 也絕對想不到會被喊卡？金融科技到底在「做什麼？」或「怎麼做？」；從「金融科技的大生態系」就可知道中華電信為何要投資將來銀行？

🌐 金融科技「做什麼？」

蘇珊・契斯蒂（Susanne Chishti）& 亞諾・巴伯斯（Janos Barberis）分別是金融科技圈（FINTECH Circle）執行長及金融科技業百大女性之一；她倆幾乎同時鑽研金融科技的領域，發現沒有單一、具體或權威資料來源，決定以「全球專業者協力寫作」（globally crowdsourced）的方式寫成《FinTech 金融科技聖經》，是一本少見的「群眾外包」的集體創作；可讓大家了解「金融科技是做什麼的？」：

★「**金融科技化**」──某銀行家憂心忡忡：「矽谷正在分食華爾街的早餐！」；花旗銀行乾脆宣稱：「我們是一家科技公司！」。這些「金融科技化」的現象都在說明無數的金融科技新創公司（Startup）正試圖應用新科技創造使用者體驗（User experience，簡稱 UX），準備顛覆傳統的銀行業。Citibank 絕對不會想到，Facebook、Amazon、Netflix、Google 這些尖牙股，有朝一日竟會變成最可怕的競爭對手！

★「**支付借貸理財**」──支付的型態從「以物易物」到銀兩、紙幣、票據、信用卡、金融卡……等，可說是千變萬化；把電子錢包丟進智慧手機裡，隨處「嗶」一下就可解決支付問題，「行動支付」是王道；非銀族透過網路就可借到錢，「普惠金融」是政策；銀行的 VIP 抱怨：「我的理專不是人？」。

★「**眾籌集資**」──合法、透明的「眾籌集資」平台運用科技、網路、社群媒體和積極的政府態度，將所有的參與者結合起來，協助發行者和投資者進行有效率的交易，讓世界的任何角落都可以參與集資。

🌐 金融科技「怎麼做？」

　　《FinTech 金融科技聖經》的兩位作者收集了來自 27 個國家、超過 160 位協力作者，共 189 篇文摘，選取了全球 86 位 FinTech 先驅，聚焦在 71 個主題和 10 個面向上；拼裝出金融科技的全貌，是描述金融科技發展最完整的一本書。讓全球有志於金融科技的人士知道：「金融科技怎麼做？」

★「生物識別」——通過電腦與聲光、生物感測器和生物統計學原理等密切結合，利用人體固有的生理特性，（如指紋、臉型、虹膜、視網膜、脈搏、心律等）和行為特徵（如筆跡、聲音、步態、按鍵力度等）來進行個人身份的鑑定；須兼顧私密、便利和安全三方面的平衡，並確保每一種技術可以彼此適用，不必依賴單一方式而暴露在高風險之中。

★「政府法令」——傳統銀行的最大風險是被大眾甚至是自己視為公家單位，組織因應消費者保護和內部稽核的要求而疊床架屋，防弊大於興利；2015 年英國通過銀行開放資訊共享與資訊公用法案，於是銀行可能會被取代大半。

★「科技金融化」——科技是推動「普惠金融」發展的重要力量；而「普惠金融」則呈現出「服務覆蓋廣泛化、客戶群體大眾化、風險管理數據化、交易成本低廉化」的四大特徵；根據統計顯示，2018 年前三季度全球金融科技融資金額高達 326 億美元。四家國際支付工具如 Apple Pay、Samsung Pay、Google Pay、LINE Pay 在台灣暢行無阻，就是「科技金融化」的明證，讓人不得不懷疑：「銀行的消金牌照」

還值錢嗎？

🌐 金融科技的大生態系

曾有人質疑中華電信為何要投資將來銀行（Next Bank）？有鑑於中華電信本身已有行動通信、大數據、雲端運算的良好基礎且正專注於物聯網（Internet of things）的發展，幾乎已擁有純網銀的半壁江山；若能結合國內的金融機構，再致力於洗錢防制、資訊安全和法遵監理、則配合客服及大數據分析，即可進行傾聽客訴（VOC）的智能客服及認識顧客（KYC）的精準行銷；藉助線上申請與審核及理財機器人，提供存款、微信貸、跨境匯款、證券、基金、旅遊平安險、意外險……等金融產品和服務，暢通了人流、金流、產品流和資訊流。

中華電信早已提供電子錢包（Hami Wallet）及歡樂點（Hami Points），但因主客觀的環境及人為因素，多年來業務平平，甚至僅是聊備一格；金管會開放電子票證、電子支付和第三方支付，掀起行動支付大戰，除了繳費、購物的基本功能外、還開放了許多其他的便利功能如繳罰金、帳單……等，希望消費者能因使用方便而養成使用電子錢包的行動支付的習慣；很多配合的廠商則在點數上大做文章，能夠多元累點、靈活集點和優惠兌點，真的可以點數成金。中華電信把 Hami Wallet 改為 Hami Pay，並與（Hami Points）緊密結合，成立專責單位，編列預算，視同最重要的策略產品組合，積極推展，讓顧客能「分分秒秒隨身帶，角角分分變點數」。

《電子支付機構管理條例》修正草案已於 2020 年 11 月 9 日三讀通過，這是 2015 年立法以來最大幅度的修正。主要特色有三：

★**「大整併」**——把電支（街口、歐付寶……等）與電票（悠遊卡、一卡通……等）合併在一起。

★**「大串聯」**——各機構可以串接起來，民眾在使用上更便利。

★**「大擴充」**——除代收代理、儲值及轉帳外，還可在國內外進行小額匯兌及買賣外幣（含人民幣和港幣）；預計 2021 年上半年就可上路。電子化支付（非現金交易）可望從 2016 年的 30.05％提高至 2021 年的 52％以上。

▶▶ 附圖：金融科技的大生態系

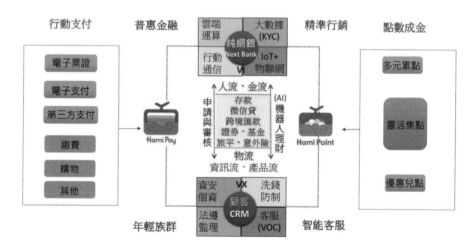

🌐 金融業 vs. 科技業

IT 等科技業者善用其高科技提供新金融商品服務，成為 FinTech 業者，迄今已對銀行、證券、保險等金融業，造成一定程度的衝擊；而金融業也可以透過與 FinTech 業者策略聯盟、合夥、出資甚至併購方式，提升金融創新能力和服務品質；所以，「金融科技化」或「科技金融化」正在雙軌並行中，鹿死誰手，尚未得知？但從瑞銀集團的報告得知：發展金融科技的目標為：

1. 實現普惠金融

2. 提升金融市場競爭力

3. 促進經濟發展，預估至 2030 年，金融科技業的產值約為 5,000 億美元。

台灣的金管會修正未來金融三業（銀行、保險、證券期貨）負責人條件資格；除了原本要求的金融業經歷外，若曾在電子、科技、法律、數位經濟等領域有一定工作年資，同樣可以擔任總經理以上職位，有助於科技人轉職金融業。

附表：金融業負責人條件

業別	金融本業以外之專業	工作年資	備註
銀行業	資訊、科技、企業、法律、電商、數位	10 年以上	無須再經主管機關認可，與其原領域相關職位為限
保險業	資訊、科技、企業、法律、電商、數位	10 年以上	得擔任副總經理、協理及經理或與其職責相當之人
證券期貨業	資訊、科技、企業、法律、電商、數位	2-6 年以上	成績優良者，得擔任部門主管、業務部門副總經理、協理、經理及分支機構負責人

馬雲表示：「支付寶的目的在於為個人和小公司建立信貸系統。而隨著阿里巴巴業務的發展，支付寶已成為僅次於 Visa 和 MasterCard 的全球第三大支付系統。這也讓中國的國內銀行有些坐立難安，中國的大型銀行曾表示：「因為支付寶平台聚集了太多資金，他們不得不封殺阿里巴巴」。馬雲進一步強調：「雖然改變中國的銀行可能是激進、危險的，但如果銀行不做出改變，就讓我們來改變銀行」。

2020 年 9 月中國人民銀行將螞蟻金服和其他一些企業集團歸類為金融控股公司，要求這些公司拿出更多資金，被馬雲批評為「當鋪思想」、甚至將國際間銀行協定（巴塞爾協議）看成「老人俱樂部」；最後還語帶諷刺地說：「中國金融沒有系統性風險，因為根本沒有系統！」；在馬雲被約談後，螞蟻金服在滬港兩地上市前夕閃電告緩，震驚全球市場！

趨勢篇

您必須掌握的10大趨勢

1 純網銀起鯰魚效應

隨著智慧手機的普及，近年來網路銀行的使用率由 2017 年的 36.7％大幅攀升，據中信銀的統計：存提款、轉帳、換匯、基金下單……等業務，現僅 10％是臨櫃，其餘都透過 ATM、手機或家中電腦完成。所謂的「網路銀行」（On Line Bank、Direct Bank、Internet Only Bank）係指百分百透過「網路」向年輕客層及微小企業提供金融服務，期能達到「普惠金融」的境界；一個小小的台灣已有 37 家銀行／3,403 家分行／28,771 台 ATM（Over banking？），再開放 3 家純網銀，豈不更加惡性競爭？前金管會主委顧立雄希望純網銀能發揮鯰魚效應，把沙丁魚激活起來！到底純網銀是鯰魚？沙丁魚？還是鯊魚？且拭目以待！

將來銀行（Next Bank）、連線銀行（LINE Bank）和樂天銀行（RakutenBank）三家「準純網銀」經過將近一年多的籌備，2020 年底總算「醜媳婦見了公婆」！唯一的祈禱是電腦能順利運轉（Next／新系統？ LINE／南韓系統？ Rakuten/IBM 系統？）；台灣開始進入純網銀時代。

純網銀的發展

1989 年 10 月，英國 First Direct Midland Bank 始創 24 小時客服中心，是純網銀的濫觴；美國的安全第一網路銀行（SFNB）於 1995 年 10 月創立全球第一家純網銀；1999 年英國設立歐洲第一家純網銀；日本樂天銀行創立於 2000 年，號稱是市占率最高、獲利最快、最賺錢的網路銀行（18 年歷史 /640 名員工 /680 萬客戶）；中國微眾銀行和網商銀行創立於 2015 年，到了 2017 年，規模竟分居世界第一、第二；韓國 K Bank 和 Kakao Bank 創立於 2017 年；2019 年，香港已開放 8 張純網銀執照，台灣已開放 3 張純網銀執照……等；因金融科技的介入，世界各國的純網銀大戰已然開打。

全球純網銀的發展已超過 20 年；世界各國的純網銀大概都朝「使用介面親民、申請速度快、手續費低廉及提供貼心功能好用的 App」等方向去發展，以提高客戶黏著度，讓客戶愛不釋手；藉著人工智慧（AI）的充分運用，知道純網銀客戶要的是「簡單、便利、樂趣、安心、完整」；尤其是年輕客戶要的是「服務」不是「銀行」；誠如比爾·蓋茲所說：「Banking is necessary，but banks are not。」或布雷特·金恩所說的：「Always banking，never at a bank。」難怪年輕人很少去實體銀行了。而實際的統計資料顯示：65％的轉帳、80％的金融服務都能在手機上完成，已經有 80％的人把手機當作簡易分行了！難怪李開復會預測：「未來 80％的金融工作將會被人工智慧所取代」！

🌐 傳統銀行 vs. 純網銀

公元 2000 年,德國有 38,000 多家實體銀行,但到了 2015 年,減少了 10,200 家(－27％),主要是因為銀行後台技術成熟,速度快又正確,可節省大量的店面和櫃檯人力;因而純網銀成為傳統銀行的殺手,經過一段期間的發展後,因家數迅速膨脹,難免也會碰上自相殘殺的局面,削價競爭的結果,把交易手續費壓低到傳統銀行的 1/10;如何發揮金融專業或與異業策略結盟,短期衝高用戶數以擁有龐大客戶群是當務之急。科技的日新月異,逼得國際銀行間朝兩種類型發展,不是傳統銀行數位化,就是不設實體分行或 ATM、只有總行及客服中心的純網銀。

傳統銀行仍在人際互動、業務執行(保單＋證券)、利率差(放款利率－存款利率)及安全性(世界上沒有完美的加密傳輸系統)……等方面佔有優勢,還是可以對純網銀提出反制:

★ **主動出擊**——Goldman Sache 推出消費者儲蓄及借貸平台 Marcus

★ **直接收購**——西班牙對外銀行(BBVA)收購美國行動理財 Simple、英國純網銀 Atom Bank、芬蘭金融科技新創公司 Holvi……等

★ **合作聯盟**——渣打銀行＋Alibaba(數位匯款)

★ **提供更多元服務**——新技術拓展新市場;台灣開放新戶可在網路辦貸款、申請金融卡非約定轉帳功能……等十大數位金融業務

★ **打不贏就加入**——西班牙國際銀行因疫情使客戶轉往數位管道,計畫在本國裁員 4,000 人,關閉 1,000 家分行;若打不贏,只好物色一家純網銀加入它!

▶▶ **附表一:傳統銀行 vs. 純網銀**

比較項目	傳統銀行	純網銀	備註
總行	○	○	巴洛克建築 vs. 現代建築
分行	○	X	只透過電腦、行動裝置、ATM、電話、信件等途徑
客服中心	○	○	北中南東各一個
ATM	○	?	智慧化的 ATM 可以接受
身份驗證	自然人／對保實名制	雙重或多重實名制	身份證、健保卡、自然人手機號碼及繳款紀錄
優點	人際互動	便利	線上就可申請信用卡
	保單＋證券	高效率	KYC + VOC
	利差高	低成本	每筆交易成本僅傳銀的 16%
	安全性較高	年輕客層	年輕人高度依賴智慧手機
缺點	離櫃率 90%	無人際互動	基本上還是需要有點溫度
	低效率	銀行業務	綁銷的業務複雜度高,執行難
	高成本	利差低	放款利率－存款利率
	資深客層	流動性風險	須注意資本結構及後續增資能力

傳統銀行除疫情衝擊外，還面臨三大挑戰：

➤ 純網銀之開放
➤ 資安風險之議題
➤ 美中貿易之摩擦

預計供應鏈將重新布局，台灣產業再次面臨數位轉型的考驗。其中三家純網銀的開業將帶來兩大影響：

1. 銀行既有經營模式難以經營的「長尾客群」，純網銀業者可挾平台優勢創造獲利模式。
2. 純網銀可透過科技結合更多生態圈服務，包括 Open API（開放應用程式介面），Open Banking（開放銀行）進一步數位轉型。

純網銀的商業模式

5G 時代的智慧手機幾乎可以處理任何事情，為純網銀塑造了良好的生態圈；在銀行端，說一支智慧手機就是一個分行，一點也不為過；人工智慧透過機器、自我、深度學習和演算，再用雲端和邊緣運算，可以把大數據（Big Data）變成智慧（Smart everything），並將各種人、事、物連結成物聯網，讓業務單位可以進行精準行銷；在客戶端，消極而言，防洗打恐、法遵監理、個資安全、內稽內控……

等築成銅牆鐵壁可安客戶的心；積極而言，客服單位可傾聽客戶的聲音，了解客戶的痛點，提供智能客服，把痛點變爽點；在銀行與客戶間，透過電子錢包及會員和點數的經營，金流、人流、資訊流、物流、產品流，通暢無阻；達到以年輕客層和微創企業為主的普惠金融新世界。

純網銀的三種主要模式：

➢ **電商生態圈：**如阿里巴巴開設的網商銀行（雙 11 的威力）

➢ **社群生態圈：**如騰訊開設的微眾銀行（不良放款率僅有 0.64％）

➢ **母公司集團挹注：**如中華電信的將來銀行（Next Bank）。

被 Financial IT 評選為全球純網銀第一名：由手握微信、QQ 兩大社群軟體的中國騰訊所創的微眾銀行，有近 10 億名活躍用戶的大數據可進行交叉比對，發展出個人徵信報告，可用來借貸；純網銀要像一般銀行一樣，為了讓客戶感到安全、效率、創新；需要加入存款保險制度、參加聯合徵信中心、金融消費評議中心、財金資訊公司……等單位，符合巴賽爾資本協定的要求，方便網路開戶、辦信用卡、申請無卡分期……等業務；同時需要管控 6 大風險：即作業風險、流動性風險、法遵風險、個資保護風險、委外風險和資安風險，以取得最佳客戶的體驗、客戶的信任度、忠誠度。

根據歐美純網銀的經驗談：純網銀和傳統銀行比較起來：活存利息高 +100％、貸款利息 -33％、匯款手續費 -82％、營運成本 -70％；匯款（0％手續費，立刻到帳）、保單費率 -50％；中國純網銀的經驗談：

微眾銀行和網商銀行於 2015 年初開業，2016 年就實現獲利；因此，新設立的純網銀若能克服資金成本，找到對的獲利模式，洞察消費者的行為和想法，了解其背後的深層動機；再把「法規證照、目標客群、能力與優勢」搞清楚，就能勇敢跨出領域去打世界盃了，就好像 Line Bank 和 Rakuten Bank 一樣。某專家建議：純網銀的新商業模式，申請時就要提交退場機制，的確是明智之舉。

🌐 普惠金融的實現

2017 年，台灣現金交易比率還有 60％，期望到 2025 年能降到 10％；金管會為達到此目標，將持續鬆綁法規，整合非現金支付工具如：電子票證、電子支付、行動支付、信用卡支付和 ATM 轉帳（台灣 ATM 的密度世界第一）……等，朝著「無現金社會」邁進。北歐的瑞典，2010 年時使用現金的比例是 40％，到了 2019 年已降到 1％，全瑞典 1,400 家實體銀行中，已經有半數不再接受現金存款，甚至有四千名瑞典人，在身體植入 NFC 晶片，可以用在解鎖、支付、交通上，伸出手就能感應使用，可說是「無現金社會」的典範。

根據世界銀行的調查，全球還有 20 億人沒有銀行帳戶，這些人不能享有 ATM 提款，不能使用網路銀行轉帳或是線上購物等金融服務；普惠金融，也稱包容性金融，其核心是有效、全方位地為社會所有階層和群體提供金融服務，尤其是被傳統金融忽視的農村地區、城

鄉貧困、微小企業等弱勢族群，或「信用小白」的年輕學生族群，都能和其他客戶平等地享受金融服務的權利。拜純網銀之賜，孟加拉鄉村銀行（Grameen Bank）宣稱：「即使是赤貧之人，也能努力改變人生」。「純網銀」是邁入「無現金社會」，實現「普惠金融」的重要政策之一。

案例　台灣純網銀於 2019 年 7 月 31 日發出核准執照

　　眼見世界各國的純網銀一家一家地開，台灣經過集思廣益，跟上純網銀的世界潮流，終於敲定純網銀的推進時程如下：

時程表：

2018.11.15 ～ 2019.2.15　　接受申請（3 個月）

2019.7.31　　　　　　　　揭曉（5 個月）

2020.01.31. ～ 2020.7.31.　上市（取得營業執照後 6 個月～ 1 年間開業）

開放業務項目：純網銀＋（金錢信託＋信用卡＋電子支付）

四大評分審核指標：

營運模式　　　　40%（可行性—— 如何與非金融業發揮創新性）

管理機制　　　　30%（妥適性—— 大股東財務支援承諾書，退場機制）

發起人＋經理人　20%（適格性）

財務能力　　　　10%（健全性）

申設要提出的五大計畫：

　　滿足未來五年資訊系統和業務營運的預算評估

流動性管理機制（擠兌時的應變計畫）

客戶身分確認機制

採用的資訊系統、安全控管、備援計畫

市場退出計畫

　　三家純網銀的準候選人（Next Bank、Line Bank、Rakuten Bank），皆於申請期限的最後一天（2019.2.15.），由內定總經理帶隊（請見附表二），扛著好幾箱的申請資料到金管會接受顧立雄主委和邱淑貞銀行局局長的面試；原定是三選二，但 2019 年 7 月 31 日的放榜，三家全上，皆大歡喜；一年內需開張營運；目前三家籌備處正緊鑼密鼓準備搶頭香；鹿死誰手，且待分曉（請見附表三）。

▶▶ 附表二：台灣三大純網銀申請團隊一覽表

名稱		將來銀行 （Next Bank）	連線銀行 （LINE Bank）	樂天銀行 （Rakuten Bank）
關鍵人		中華電信等團隊	台灣連線金融科技 （LINE Financial）	日本樂天集團
		董事長：鍾福貴 （前中華電信稽核長）	董事長：陳立人 （手機上網先驅）	董事長：簡明仁 （黃天麟之秘書）
		總經理：劉奕成（金融專家）	總經理：黃以孟（金融＋科技）	總經理：佐伯和彥（資安專家）
股東組成	電信	中華電信（41.9%）	台灣大哥大（5%）	
			遠傳（5%）	
	金融	兆豐銀（25.1%）	台北富邦銀（25.1%）	日本樂天銀行（50%）
		新光人壽（10%）	中信銀（5%）	樂天信用卡（1%）
		新光銀行（2%）	聯邦銀（5%）	國票金（49%）
		凱基銀行（7%）	渣打銀（5%）	
	其他	全聯實業（9.9%）	LINE Financial （49.9%）	
		大台北瓦斯（1%）		
		新光保全（1%）		
		關貿網路（2.1%）		
優點		在地化	通訊軟體使用者多	具網銀成功經驗
		股東多元化	已開辦電支功能	表態願意投資台灣
		具有大量用戶	具有創新技術	具自家通訊軟體及會員

缺點	尚無網銀成功經驗	尚無網銀成功經驗	需證明符合台灣法令要求能力
	需要創新的營運模式	需對台灣有貢獻	資本結構及後續增資能力
亮點	有國家隊的性質	LINE 社群 2,100 萬戶	樂天超級點數稱霸日本
	豐富多元的線上與線下股東資源	擅長 MGM 行銷手法	單一帳號行遍天下
	廣大電信、金融用戶	千萬通訊軟體會員	成功網銀經驗

▶▶ 附表三：台灣三家純網銀之展望

名稱	將來銀行（Next Bank）	連線銀行（LINE Bank）	樂天銀行（Rakuten Bank）
預計開業日	2020 年下半年	2020 年下半年	2020 年下半年
定位	有銀行執照的科技公司	便利、安全又有趣的全民銀行	日本樂天銀行（台灣）
特點	以信用為核心 金融應用創新平台 智慧化數位生活	跨界資源（Office, Home, Café） AI 創新技術 資安	日本樂天生態圈經驗 在台之電子商務、電子書、信用卡、職棒……等
策略	用金融美學搶同溫層商機	Banking in your hand.	複製日本網銀經驗
資源	通信業＋金融業＋其他	金融業＋通信業	日本網銀＋台灣票券
預計目標	開業 3 年達損益兩平	開業 3 年達損益兩平	開業 3 年達成單月獲利

② 開放銀行掀完美風暴

2019 年，金管會聚焦在純網銀、開放銀行（Open Banking）、數據共享與開放、證券型代幣發行（Security Token Offering，簡稱 STO）、開放程式應用介面（Application program interface，簡稱 API）……等業務；星展銀行採取「livemore bankless」的發展策略推出 API 平台，功能涵蓋轉帳支付……等 300 多個 API；而 FinTech 新創業者如何有效槓桿這些開放銀行的數據是當務之急。

在 2020 年 1 月 13 日上路的歐盟法案第二號支付服務指令，規定銀行必須開放銀行帳戶或信用卡消費等金融數據給金融科技新創，一改過去銀行壟斷金融消費數據的局面，而這股開放銀行風正悄悄在各地興起。

在開放銀行的氛圍下，金融業、開發業和消費性產業三者聯合開發 API 金融應用模式，型塑開放銀行的生態圈，吸引客戶帶著小孩到分行來玩；數據開放是王道、數據共享是風潮、客戶拿回主導權。

數據共享是風潮

第二號支付服務指令（The second Payment Services Directive，PSD2）要求銀行獲得用戶授權後，開放第三方存取用戶帳戶數據，並能直接透過用戶的銀行帳戶扣款，而不用透過刷卡。PSD2 降低金融服務市場的門檻，讓非銀行的金融服務供應商，也有能力和銀行競爭；也讓消費者有更多金融服務可選擇。除了歐盟，英國「競爭和市場委員會（Competition and Markets Authority，CMA）」也在 2016 年發布類似的「開放銀行計畫（Open Banking）」，要求英國九大銀行在用戶同意之下，讓經認證的第三方組織存取帳戶數據，希望藉此提供更客製化的金融服務；開放銀行數據是數位銀行的新一波變革，「數據共享」與「客戶主導權」乃是大勢所趨。

無論是哪個法案？背後都代表著開放金融數據的時代已經來臨，藉著要求銀行開放 API 服務，讓金融科技者第三方服務公司可以串接銀行的金融交易帳戶資料，對金融消費者提供更有效率、更節省的金融服務，由政府大力推動金融數據共享，做大 FinTech；以台灣為例，透過金管會、銀行公會、聯合徵信中心、財金資訊公司、銀行業者……等單位，建立消費者資料庫之「互補」，其內容包含：銀行產業的帳戶、投資交易資訊、個人和企業的信用狀態……等數據；以前被視為「極機密」，現在成為「公共財」，數據共享成為當代的一股風潮。

打造 API 的生態圈

據《CNBC》報導指出,隨著政府政策鼓勵數據開放,銀行也開始積極打造開放應用程式介面(API),提供第三方團體可安全存取用戶數據的管道。對開發者而言,透過這些 API 獲得用戶數據後,可了解用戶帳戶資料、支付習慣和信用歷史等,進而打造自己的產品和服務。2017 年下半年起,這股開放銀行風也吹進台灣,台灣首間推出 API 服務的是凱基銀行,包含行動錢包和記帳應用程式 CWMoney 都已採用其生活繳費 API,iCHEF 也導入凱基銀行的大數據 API,開發餐廳營運風險預測服務。

此外,中國信託也與 IBM 合作推出 API 管理平台,加快異業合作 API 的設計、開發、上線與維運等作業,希望提供開發者社群、App 開發商和 FinTech 業者用於開發各類創新的金融服務。

金管會不只開放銀行,更要催生 FinTech API 生態系,其關鍵發展要素如下:雲服務、行動科技、物聯網感測器、政府開放資料……等;API 金融應用模式(如附圖一)可分金融業、開發者、消費性產業三方面來論述:

★ **金融業**── 應用運算能力將金融數據 API 商品化如:金融資訊、商品資訊、客群資料、支付清算、投資理財、信用風險、交易平台……等。

★ **開發者**── 金融業委託拓展開發新業務 API,藉授權合作連結 API 商業模式及授權模式。

★ **消費性產業**——開發者進行創新應用服務開發，提供給消費性產業，分居家生活、旅遊休閒、消費購物、學費學貸四方面去靈活運用。

▶▶ 附圖一：API 金融應用模式

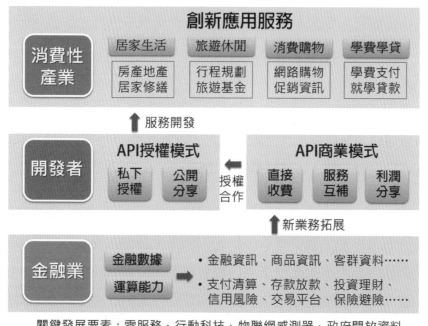

關鍵發展要素：雲服務、行動科技、物聯網感測器、政府開放資料

＊資料來源：資策會 MIC 整理 2017 年 9 月

🌐 銀行分行的未來

　　隨著金融科技（FinTech）的崛起，金管會積極推動純網銀，發出三張執照；現有銀行的實體分行轉型，已經成為當務之急，不管是數位分行、智慧分行、數位體驗區，都是正在摸索的發展方向；而整體來看，各銀行希望民眾多去銀行分行，走走看看問問，讓銀行分行成為一個社交場所。老行庫為了讓分行更有朝氣，吸引民眾使用，大舉規劃整修、調整、搬遷，像是華南銀行就已完成全行導入智慧迎賓系統，運用最新數位金融科技串接線上及線下客戶體驗，並於各分行規劃貴賓客戶專屬通道，改善營業空間及銷售環境，以營造服務尊榮感，提升客戶服務品質，維繫實體通路價值。

　　第一銀行的實體分行積極辦理轉型，透過金融科技，將傳統臨櫃交易導引至自動化設備及數位化完成交易，並強化運用在地化服務，建立情感連結，增強業務諮詢與銷售功能，提供更高價值服務，滿足客戶需求，創造實體通路新利基。兆豐銀行面對一波波的金融科技發展潮流，已開始「分行數位轉型計畫」。另外，共四家分行調整成為理財旗艦分行，改朝消金業務發展。

　　不管以後銀行分行如何發展，未來民眾到銀行分行，不僅能完成申辦業務，到銀行分行辦事也能像喝下午茶一般輕鬆自在，甚至還能帶小孩遊戲，讓家人在分行也能輕鬆愜意，這就是讓分行轉型的終極目標。

🌐 數據開放是王道

影響未來銀行的四大科技趨勢如：語音辨識、觸控螢幕、擴增實境、行動上網……等新興技術，將進一步影響金融服務，並且改變分行發展模式，而數據開放、管理和分析是王道，發展出以顧客為中心的策略和商業模式並注重交易和結構，考慮法規、技術、網路安全與風險、詐欺、稅收……等項目（如附圖二），銀行之間可以互補；王道銀行是開放銀行，也是國內第一家數位銀行。星展銀行以成為「全球最佳銀行」為目標，期望能轉型為無分行、無紙化、無現金且具有新創文化的跨國企業。

Open Banking 的開放，有一系列問題需要面對，如：誰能掌握平台的所有權？誰來協調平台的服務？誰來負責與客戶之間的互動？誰來解決爭議的衝突？誰來進行與同業間的互補？看來需要具備相當的創造力、彈性和生產力；這些都需要有事先良好規劃與配套措施，創造金融機構、新創事業與客戶能夠三贏，也值得行政與立法單位積極推動。台灣開放銀行分為三階段：

1. 公開資料查詢（從 2019 年 10 月起）

2. 消費者資料查詢

3. 交易面資訊。

▶▶ 附圖二：開放銀行的生態圈

✱ 資料來源：顏長川整理

日本瑞穗銀行

　　不同於歐盟，英國不少銀行囿於法規壓力而開放，日本瑞
穗銀行則是趁著數位轉型之際，一舉將開放銀行作法，納入未
來數位戰略中的一環。瑞穗銀行早在 2016 年就很清楚地將發展
FinTech 生態系，視為未來的重要策略，還設立了創新實驗室，
來負責發展這個生態系和 Open Bank API 的實驗，後來更進一步
發展成 65 人規模的數位創新部門，展開了數十項的創新實驗計
畫，也設立了新創育成中心，來推動 FinTech 產業。

　　瑞穗銀行對於這個數位創新部門的期待，不只是要用來改善
顧客服務的品質，更要結合開放創新策略和外部機構，來打造出
可以走出日本的全新商業模式。

　　累計至 2017 年 4 月，數位創新部門已經公開了 29 項數位創
新成果，FinTech API 生態系藍圖就是其中一項。瑞穗銀行以自
家銀行 API 為基礎，希望能鎖定 B2B、B2C、C2C 和白牌四大類
應用市場的需求，透過建立平臺、提供大數據和金融功能，來滿
足四大應用市場上的 App 市集需求，一方面也藉此來擴大瑞穗
銀行自家的金融服務和產品。舉例來說，數位創新部門已經完成
的其中一項計畫就是，將瑞穗銀行自家金融 API 和 IoT 串連，以
便建立全新的商業模式。

　　瑞穗銀行 Open API 在 IoT 上的應用，是以 SORACOM 這個

IoT 平臺為基礎，串接了多種 IoT 裝置，包括智慧家庭裝置、電動汽車和 Liquia Pay，並透過防毒軟體公司的 IoT 安全閘道和專屬 VPN，將這些資料匯入到瑞穗銀行的分析平台上累積 KYC 資料，並將分析成果，透過 API，彙整到內部 CRM 系統來強化銀行用的 API 自動評估機制。而外部 IoT 裝置也會彙整其 Log 資料，做為稽核追蹤之用，並匯入到提供資料可攜管理服務（DMP）的平台上，來提供資料可攜服務，也讓使用者或顧客可以看到自己的資料被使用的軌跡。不只是自家銀行集團的投入之外，瑞穗銀行也把政府機構、API 新創 Meetup 社群、OpenID 基金會、日本 FinTech 相關協會、育成中心和產業協會等組織，也拉近這個 FinTech API 生態圈的經營，讓他們在這個體系中有參與的角色。另外，也透過與東京金融科技中心 FINOLAB 合作，來提供實體的共創場所，和新創協力尋找新的商業模式。

瑞穗銀行不只開發自家服務的 API，也會和外部業者或合作伙伴共同發展新的 Open API 應用，例如瑞穗銀行就和日本軟體銀行合資成立了一家 J.Score，來提供信貸評分的服務。綜合兩家的電信和金融大數據，透過 AI 和大數據技術來產生一個信貸分數（滿分 1000 分），並自動以 0.9 ～ 12% 利率提供 10 萬到 1 千萬日圓的貸款。顧客只要透過手機上的 App，就可以看到自己的信用分數和可貸款的金額和利率資訊。

✻ 資料來源：https://ithome.com.tw/news/122635 2018.4.27. 王宏仁

③ 資安是心安也是國安

早期只是聽說「資料泛濫成災」而已，最近則到處有人嚷嚷：「資料爆炸滿天飛」；進入網路（Internet）及物聯網時代（Internet of Things），人、機、物全部串連在一起，資料呈指數型成長，形容資料（Data）數量的用詞，從大量（Big）到海量（Sea）到無限量（Unlimited）；早期對資料的看法：個人視為「隱私」、私人企業視為「機密」、公家機關更視為「極機密」，敝帚自珍且老死不相往來；但開放（Open）和免費（Free）的概念盛行後，無限量、免費資料之取得已不是問題，就看如何發揮人腦的想像力去激發電腦的人工智慧（AI）了。

享受 5G 的智慧生活雖然方便，但隨之而來的是一些隱憂；從網路犯罪的生態系得知琳瑯滿目的花樣，必須羅織一些資安法規來保護個人隱私，同時要強調「資安是心安也是國安」的概念！

「5G」智慧生活的隱憂

物聯網提升人們生活的便利，但也增加了犯罪的機會；國際駭客組織運用各種勒索病毒攻擊各金融機構獲得鉅款是目前的主流，如北韓的精英駭客團體（APT38），從 2014 年起發動網攻，可同時攻擊全球多家銀行，目前為止受害對象計有 11 國 16 個組織，令國際各金融機構聞之色變，台灣的遠東銀行是受害者之一。其次是盜賣個資如：「劍橋分析」盜取 5,000 萬筆 FB 個資，分析使用者的個性、喜好、消費者行為；再餵食他們感興趣的資訊，進行精準行銷。

2013 年 Yahoo 的 30 億用戶帳號全部遇駭，算得上是史上最大個資外洩；2015 年，美國醫療保險巨擘安森（Anthem）有 8,000 萬人的社會安全號碼遭駭。現在的駭客不再是閒來無事的青少年，而是組織犯罪幫派的一員，甚至成為全球最強大的網軍；他們的犯罪手法已經由間接向使用者「誘騙帳號密碼」精進到直接勒索錢財的「數位勒索」；駭客 IP（2x1.20.x.168）和帳號都在境外，根本無法追蹤，是個隱形殺手；資安也是一種隱形成本，所投下的錢不會有績效，但若不做，將付出極大的代價，甚至導致公司無法營運，企業主應意識到其重要性。

要成為「自媒體」很簡單，因為門檻低、操作簡單；要成為「網紅」很難，必須能在一夜之間吸引成千上萬的「粉絲們」；能在很短期間聚集百萬「粉絲團」。人人都是自媒體，運用照片或影片在頻道直播，很快就可傳播出去，但可信度不高，素質不一，淪為「帶風向」，導

致「假新聞」的出現，成為資訊社會難以應付的問題。

　　根據瑞典哥登堡大學的 V-Dem 資料庫的調查：台灣受假新聞攻擊程度排名世界第一；而台北市長柯文哲自稱是全台灣的假新聞的最大受害者。網路上充滿了一大堆假新聞、假民調、假影片／相片……等垃圾；而台灣網路人口有 1,738 萬人，上網率 82.3％；其中 86％ 的人口從網路吸收訊息，75％ 的民眾則是用手機看新聞，46％ 的民眾使用社群軟體分享新聞；簡直是「假新聞」的溫床；偏偏 65 歲以上的老人最愛分享假新聞，而「內容農場」透過網路快速傳播，不斷產製假新聞，已產生「假新聞、真殺人」的憾事！還可能戕害台灣的民主政治，美國甚至遭到假新聞的疑似「政變」（coup）？千萬不可掉以輕心。

🌐 「個人隱私」的保護

　　數位經濟的本質來自於數據（Data）的運用，而個人資料正是最關鍵的部分；精準行銷、精準生產、平台經濟、人工智慧……等，都是因為有大量使用者產生的大量數據；據專家估計，2020 年有 204 億個物聯網裝置，所交互產生的數據將如浩瀚宇宙繁星，這些狀況看在駭客的眼中，每一個連結點都是「安全缺口」，簡直是「天堂」；連一個高中輟學生靠著自學就能成為頂尖駭客，遑論是有組織、有訓練的國際駭客集團，可長驅直入任何國家、企業、個人的網站；未來

的資訊生態圈只分兩種，一種是已經被駭，另一種是即將被駭；連TSMC（台積電）也會中毒？銀行的ATM也會自動吐鈔？個人怎麼辦呢？2020年，約有150萬個資安工作職缺找不到人做，資安概念和資安團隊是絕對花錢的必要之惡！

美國是個極端重視「個人隱私」的國家，甚至寧願犧牲安全也要嚴格限制警察用空拍機，跟亞洲社會到處都是監視攝影機真有天壤之別；可是看不到的個人隱私卻是門戶洞開，被秤斤論兩賣都還不知道？例如每個人的手機跟通訊業者基地台不斷來回發送訊息，即時位置就被紀錄在資料庫裡；這類資訊可供商人做大數據分析，也可做地域性的精準行銷，頗具市場價值；黑市掮客願意花幾百塊美金去買一個電話號碼的即時定位資料。八卦周刊國家詢問報記者跟蹤Amazon的CEO貝佐斯幾個月，如影隨影紀錄整段偷情過程，令人不寒而慄！Facebook的CEO查克柏格出席兩場國會聽證，承認錯誤，兩手一攤：「我的個資也被濫用了！」；臺北市政府衛生局公共衛生資訊管理系統被植入「木馬病毒」，有上百萬筆個資外洩，曾花19億元做資安，3年內還是出包了19次，真是防不勝防。

台灣現行資安防護觀念，常運用防毒軟體、防火牆、建立黑名單……等；隨著駭客攻擊進化升級，工業研究院提出「應用程式白名單」（Application Whitelisting）來應急解決資安問題，在固定功能的終端設備，只能允許執行正面表列的程式，至少可確保不會有惡意程式；若能提高政府網站使用HTTPS（超文本傳輸安全協議）的比例

更好。根本之道在落實 GRC 體制整合，尤其是駭客心目中的首選肥羊——金融業，更是當務之急；台灣金融業過去不習慣自己找問題，所有的資安相關防線各自獨立運作，彼此間鮮少溝通合作，風控工具也各自發展，方法論或執行方式等都不盡相同，完全是「為監管而監管」。所謂的 GRC 是指將公司治理（Governance）、風險管理（Risk）與法令遵循（Compliance）整合在一起，以「風險」和「控制」為共通語言，並有一個年年 Update 一次的共用底層架構；這一系統雖不能完全清除金融犯罪風險，但至少可降到最低，GRC 是國際金融圈所公認的風險防範利器。

「資安法規」之羅織

網路是世界共同的資產，利用者必須把責任前置在使用之前；人臉、虹膜、指紋……等生物辨識技術的發達，可以讓「你的身體就是密碼」，做任何事刷個臉就可以了，不必再記一大堆密碼，雖然很方便，但政治的 Big Brother 卻可以監看你的一舉一動；為了一點蠅頭小利，不經意地留下的詳細個資，或商家自設的藍芽追蹤器、智慧感應器、自助結帳系統、智慧手機應用程式等所蒐集的個資，已成為商業的 Big Brother 的商機。資安的危害程度，可能比想像的還嚴重，因此，好好立法保護，應是當務之急。

歐洲銀行一向守舊僵固，造成顧客也不動如山，以英國為例：前

四大銀行的市占率80％，客戶一生中會轉換主要銀行帳戶只有3％（比離婚率還低）；雖然如此，但歐盟訂了一個「一般資料保護規範」（General Data Protection Regulation，簡稱GDPR），已於2018年5月25日實施，號稱史上最嚴資料保護令，聚焦在產權歸屬及歐盟公民的使用權和支配權，還可要求企業刪除自己個資的被遺忘權；竟有68％的美國民眾希望比照辦理；GDPR對企業將產生五大衝擊：1.隱私查核責任；2.資料刪除權；3.個資外洩；4.同意條款更改；5.設立資料保護長。法國就曾動用GDPR重罰Google 5,000萬歐元（17.6億元NT$），這可不是開玩笑的，英國個資洩漏，有90％以上是人為失誤！

台灣於2019年開始實施《資通安全管理法》，證交所並鼓勵上市櫃公司於2018年公司年報加強揭露「資安風險」，從風險預防、緊急應變、危機管理到營運持續，項目包含：風險管理組織架構、資安之政策、資安風險評估及系統驗證（ISO 27001）、資安保險之安排、已發生重大資安事件之影響及因應對策。根據《經濟學人》的調查：受訪企業對資安預算的分配──防禦技術（20％）、人才培育（19％）、營運持續及災後重建（16％）、激勵員工（15％）、教育訓練（15％）、資安保險（15％）；如此一來，資安長與資訊長應可就事論事，而第一線的資安／IT人員也能坦然相見了！營運持續是數位韌性（Resilience）之本。

「資安」是心安也是國安

　　5G 網路能及時、快速連接物聯網，可將機器人、伺服器、各種資訊設備串聯起來，將來還能操控重要的民生基礎設施，甚至是威力強大的武器，則所產生的控制力和影響力將不敢想像；若是成為駭客和間諜的情蒐工具，用來竊取資訊或發動駭客攻擊，將使全球陷入另一場新型態的資訊軍備競賽。未來影響國家安全的將是資訊科技，威脅肯定超過傳統武器；資安就是國安，在數位工具廣泛大量運用的資訊時代，世界各國已警覺網安的重要性，發出「資安零容忍」的宣言、先從人安、工安做起，最後拉到最高位階的國安；若能一步到位，就能心安了。

　　「自由之家」（Freedom House）在 2019 年的年度網路自由報告中，直指民主正在倒退中，尤其是網路自由持續受到數位極權主義崛起的挑戰，政府利用社群媒體監控民眾及操縱選舉，審查「有害」網路言論更達「空前極端」的程度；全球網路自由度連續九年後退，其中「侵害網路自由最嚴重」的國家排名依序為中國、伊朗、敘利亞、古巴、越南等國；而衣索比亞在網路自由的改善方面卻進步最多；世界各國的資安基本功如：風險評估、機密分級、緊急應變計畫、存取控制、防火牆、入侵防禦系統、防毒軟體、緊急過濾和資料備份及復原……等，必然都已實施運作。

　　世界各國的駭客發現大型零售業者進入點多，簡直是一座溫床；發動網路攻擊比發射飛彈還要容易，勒索軟體比販賣毒品還要輕鬆；

北韓更是食髓知味，除了以核武與飛彈造成國際不安外，還試圖透過網路攻擊唯恐天下不亂；竟於 2017 年 5 月進行網攻的牛刀小試，癱瘓許多醫院、銀行和其他企業網站，金正恩成為全球頭號頭痛人物；中共網攻台灣，2018 年讓台灣執政黨在九合一地方選舉大潰敗；2020 年則以讓蔡英文不連任為最高目標。世界各國都紛紛訂定嚴密的資安法規與 GDPR 接軌，並迅速整合落實執行的相關單位成為一個中心，以有效管理網路安全及發展數位國家重要建設，構築國家安全的第一道防線，進而與鄰近的友善國家組成「區域聯防」，達到國際資安聯防的效果；一場國際駭客與國家資安團隊的「黑白對抗」（黑箱滲透測試）是免不了啦，鹿死誰手？且拭目以待！

▶▶ 附表：網路犯罪的生態系

類別	種類	說明	相關重要數據	備註
網路途徑	Internet	網路與網絡之間所串連成的龐大網絡	幾十億個網路／用戶 29 億人	國際上最大的互聯網
	Facebook	透過遊戲或心理測驗等，請求提供個資	美國成人使用 68%／用戶 22 億人	140 多種語言
	Youtube	讓創作者有自己的頻道拓財源	美國成人使用 73%／2,300 萬個頻道	PewDiePie 有 8,900 萬人訂閱
	Instragram	讓精美的圖片說話（圖＞文）	美國成人使用 35%	92 歲英國女王於 IG 首發文
犯罪方式	駭客攻擊（IoT）	手法多變（自滅證、躲掃毒、走後門……等）	台灣一年損失約 8,100 億元	Mirai 殭屍網路（Botnet）
	病毒	木馬病毒（RAT）勒索病毒（WannaCry）分散式阻斷攻擊（DDoS）	2017 年上半年（全球）勒索病毒 8,300 萬個/40 億美元 變臉詐騙 3,000 次/53 億美元	404 not found 以病毒鎖住檔案資料 鎖住比特幣
	資料竊取	駭客入侵竊取個資販賣圖利	2013 年，Yahoo 有 30 億用戶遇駭	史上最大資料外洩
	變臉詐騙（BEC）	偽造請款單，變臉全球轉帳	累積損失 > 120 億美元	透過電郵要錢

犯罪媒介	假新聞	駭客有能力播出足以亂真的假新聞	CNN 對川普的負面報導 90％以上	造成社會恐慌
	假民調	駭客可製造假民調影響選民之判斷	×× 候選人永遠高居民調 NO.1	影響選舉結果
	假影片（相片）	運用剪接、修圖、變造……等技術	與名人合成照片變造美女不雅照片	扭曲事實，捏造假象
	其他	利用好奇、愛心、貪小便宜的心理	2017 年 /25,145 詐騙嫌犯	165 反詐騙專線也可能有詐
資安法規	個資法	過時，要滾動式修正	2015 年之修法	全面立法，全盤實施
	資通安全管理法	資通安全長（簡稱資安長）之設置	完成立法，2019.1. 上路	與 GDPR 接軌
	一般資料保護規範	對所有歐盟個人關於數據保護和隱私的規範	GDPR 於 2018.5.25.	史上最嚴資料保護令管最多、管最深、罰最大

相關人物	黑駭客	牟私利的犯罪分子	頂級黑駭客瞬間收入數千萬元	Armada Collective
	白駭客	合法受企業、政府委託，做入侵測試	平均收入是工程師 2.7 倍	張裕敏（趨勢科技資深協理）
	網紅	蔡阿嘎、館長、理科太太……等	每個月點破百萬	貴婦奈奈捲款而逃？
	粉絲團	真假韓粉、果粉、米粉	至少有百萬大軍才能稱團	有時會出現感性＞理性
	網軍	柯 P 義勇軍、× 毛黨	每發一則 po 文給 × 毛錢	免費義工或有酬勞工
	酸民	對異類不安好心，不說好話、不論對錯	導致負面行動，甚至自殺	尖酸刻薄
	資安專家	邱銘彰、吳明蔚、叢培侃	目前台灣少於 10,000 人	台灣的國際知名駭客

資料整理：顏長川

　　英國作家柯南‧道爾的時代（1859～1930年），「密碼學」就已經是很受歡迎的一門學問了；如今資訊安全、資料藏密、數位鑑識、防範犯罪等領域都需要用到密碼。但密碼對一般人而言，不是無字天書就是鬼畫符？如果有人能用說故事或拍電影來解說密碼學，必會引起大家的興趣。

　　科技的進步，犯罪者藉著網路及資訊科技來升級犯罪模式，從早期的病毒、入侵、竊取或竄改資料、到近期的金融犯罪、網路詐欺、恐嚇、毀謗、勒索軟體……等，甚至企業化為集團且犯罪成本低；因此，要偵辦這些新型態的犯罪案件，即使是史上最有名的福爾摩斯，也必須備妥新的知識和技術，數位化為「數位神探」，用科技來辦案。

　　大部分的人都對數字無感、對數學恐懼；而數字和數學卻是密碼學的基礎；從遠古的繩結到龜甲上的刻畫符號，從羅馬數字、古巴比倫數字到阿拉伯數字，有很多數字很美、很實用的精彩故事，引起人們的好奇與興趣；而0和負數直到16世紀才被接受，進而推動數學的進展。

　　數學用幾條公式或幾個證明就可以把複雜的事情說清楚；依稀記得中學數學對「質數」的定義是除了1和本身之外，沒有其他因數；它有無數個卻很孤獨，也很特別；也跟現代的密碼、網路安全息息相關；若再活用互質及餘式定理的觀念，密碼學就呼之欲出了。

1995 年，愛普生公司電腦系統遭駭客入侵；1998 年，黃姓軍醫入侵國內各 ISP 毀壞系統資料；2002 年，電腦工程師扮駭客入侵他人電腦主機；2011 年，智慧手機使 App 詐欺興起；2013 年，網路犯罪企業化，情資安全的警鈴聲大作；甚至有「資安即國安」的說法。如果網站設計有漏洞、密碼強度不夠或使用者不良習慣，常有加密相簿的私密照外流等情事發生；因此，設定密碼時，混合使用英文大小寫和數字、加長密碼、定期更換、不用時登出網站……等，可大大提升安全度。

數位偵探全身充滿情資安全意識，憑著對數位鑑識的了解，運用數位資訊的知識，去追尋藏在數位資訊中的線索並獲得證據因而破案，可稱之為「現代福爾摩斯」。1999 年「電腦證據指導原則」出現，才把數位證據的三個疑慮（複製與修改？來源與完整性？感知與理解？）消除，讓它在法庭上具有其法定效力；而每位數位偵探都有養成「辦理一個案子必須從日期、案件編號、類別、摘要、執行過程與成效、到檢討都要做一份詳細記錄」的習慣，累積實例愈多，經驗愈豐富，破案機率就愈高。

使用智慧手機、無線網路、社交軟體、QR Code……等的現代公民，一定碰過帳號被盜用、密碼被破解，在無線網路遭駭的慘痛經驗；如何救回手機的資料？如何好好保護個人的隱私（信用卡號、銀行帳號、數位身分證）？是每位現代公民的期望；若能運用摩斯密碼和波雷費密碼去解開亂碼裡的玄奇或影像中的數字奧秘，人人成為「全方位的數位偵探」，那就是奢望了。

④ 親愛的！誰把錢漂白了？

十世紀初的犯罪者艾爾卡彭（Al Capone），因為經營投幣式洗衣店用以合理化犯罪所得，所以後來此種行為被簡稱做「洗錢」（Money Laundering）；因為上不了檯面，不可能有官方統計，故洗錢之歷史或需從「反洗錢與反恐怖融資」的資料作為反向的歷史映射。聯合國曾在不同場合概估洗錢規模：「全球每年在國際上流通的洗錢金額約達 8,000 億至 2 兆美元不等，約占全球 GDP 的 2％至 5％」。1970 年的美國銀行保密法拔得頭籌，2001 年聯合國打擊跨國有組織犯罪公約跟進；確立了對犯罪背後的金流的防堵原則；國際反洗錢標準組織（FATF）在 2012 年所發布的「40 項建議」即為國際反洗錢與反資恐作業標準，也幾乎確立金融業在洗錢防制的責無旁貸，而其他相關行業也難辭其咎。

加拿大溫哥華是大家公認的「移民天堂，洗錢樂園」；從「常見的洗錢手法」得知「道高一尺，魔高一丈」，國際間的洗錢，需靠各國圍堵，當然若能鼓吹「防制洗錢，人人有責」的概念就更有效了！

移民天堂，洗錢樂園

如果將「洗錢」說得更精確一點，應該是「清洗黑錢」，或正其名曰「資金洗淨」，指的是將通過犯罪或其他非法手段所獲得的金錢、偽鈔，經過合法金融作業流程之類的方法，以「洗淨」為看似合法的資金。洗錢常與經濟犯罪、毒品交易、恐怖活動及黑道等重大犯罪有所關連，也常以跨國方式進行。除了掩蓋犯罪所得，洗錢通常包含資助恐怖活動，全稱為「洗錢與資助恐怖活動」（Money Laundering and Financing of Terrorism），意在把資助恐怖活動從一般犯罪獨立出來另外定義。洗黑錢有共通特徵，例如高額、不明來歷，在組織及帳戶中間流動，主要目的是清洗或含糊資金的來源地，不計成本。通過不同國家相關法令及程序，及創造虛假及實質經濟活動以使其資金在相關地區合法。

加拿大的溫哥華曾經多次蟬聯聯合國所遴選的「最適合人類居住的城市」第一名，贏得了「移民者的天堂」和「洗錢者的樂園」的美名；可以想見世界各國的人和錢，多年來不斷地湧向加拿大的溫哥華，買豪宅像買名牌包，一擲千萬金，眉頭都不會皺一下，把房價炒翻天！根據加拿大政府的統計，2000 年～ 2016 年間，因洗錢被定罪案件為 316 宗，而 2018 年，有逾 70 億加元透過當地的經濟體系洗錢；洗錢案件和金額在世界各國有逐年增加的趨勢，以英國為例，光 2017 年，因洗錢被定罪案件即達 1,435 宗。

世界公認最容易的洗錢手法前三名為：不動產買賣，合法賭博

（CASINO）和奢侈品消費；法國的巴黎是「奢侈品之都」，也是開發中國家代購集團夢寐以求的地方；代購集團一到巴黎就瘋狂地把整條街的名牌包搶購一空，寄回或帶回母國轉售圖利，差價約在 20～100％之間；在法國境內每年透過「奢侈品消費」洗錢約上億元。

🌐 道高一尺，魔高一丈

清洗黑錢的技倆變化多端，而且往往錯綜復雜，但整個過程大致可分為以下三個階段：

★ **存放（處置）Placement**：將犯罪得益放進金融體系內。

★ **掩藏（離析、多層化）Layering**：將犯罪得益轉換成另一種形式，並創造多層複雜的金融交易來隱藏資金的勾核線索，例如從現金換成支票、貴重金屬、股票、保險儲蓄、物業……等。

★ **整合（融合、整理）Integration**：經過不同的掩飾後，將清洗後的財產，如合法財產般融入經濟體系。

以上三個階段經常互相重疊，反覆出現，加重追查非法得益及其來源的困難度；所以實務上的認定，無論是個人或法人，只要資金的使用情形符合上述的態樣，那麼銀行就必須有能力指認這些交易為洗錢。而實際上，洗錢的方式當然不只單純以上三個階段，有可能是三個階段的排列與組合，也有可能因為時間差的關係在某一時間正好僅

處在三個階段中的其中第二個；透過這三階段再幻化出令人眼花撩亂的手法（如 P96 附表），真可謂：「戲法人人會變，各有巧妙不同」。

　　無論如何，只要有疑慮，金融業就有責任通報；其他非金融業從業人士，如銀樓業、地政士、不動產經紀業、律師、公證人和會計師……等，在為客戶準備或進行買賣不動產、管理金融或擔任法人名義代表……等，也有責任通報。所謂通報，明確來說就是對司法調查機關通報「疑似洗錢交易申報（Suspicious Activity Report，SAR）」，或「Suspicious Transaction Report，STR」。調查機關負責統整所有犯罪金流相關的情報，並在適當時機與國際合作共享。

🌐 國際洗錢，各國圍堵

　　為因應亞太防制洗錢組織（Asia/Pacific Group on Money Laundering, APG）2018 年的第三輪評鑑，台灣的相關部門將會成立國家級的「洗錢防制辦公室」，透過專責辦公室之方式，培訓中央部會人員，並全力推動第三輪相互評鑑籌備工作之進行。洗錢防制辦公室主任以下設執行秘書、副執行秘書各 1 人，負責辦公室業務之督導及執行。辦公室並分設政策、實務二組，組員係借調自法務部、金管會、經濟部、財政部、中央銀行、法務部調查局及內政部警政署等部會人員，並借調集中保管結算所、銀行等私部門人員共 18 人，作為辦公室組成人員。

　　「洗錢防制辦公室」將針對國家報告、評鑑宣導與教育、國家風險評估等三個面向同步進行。國家報告部分，將針對防制洗錢金融行動工作組織（FATF）的 40 項建議，密集與相關的公私部門展開直接協調、檢視，採逐日撰寫方式完成。一方面了解各部門、行業執行進度，另一方面則審視有無疏漏，立刻改進。辦公室成立後，如何順利完成國家報告是第一關，再來則是面臨短兵相接的現地評鑑，國家報告政府責無旁貸，但在現地評鑑上，私部門及國人的觀念轉變、配合更是能否過關的重要關鍵。

　　開發中國家較欠缺反洗錢意識，對於日常往來的金融、不動產交易，難免將從業人員的詢問、查核視為擾民，恐成為評鑑缺失的最佳佐證；經過「國際的洗錢防制評鑑」後，會有四種結果：（1）一般追蹤名單（每兩年一次），如澳門、台灣；（2）加強追蹤名單（每一年一次），如緬甸、寮國；（3）加速加強追蹤名單（每一季一次）；（4）不合作國家名單，將受國際經濟制裁。

　　某家經過評鑑的銀行的客戶向該行的王經理抱怨：「我幫我兒子新開一個帳戶為何手續變得那麼複雜？匯款給我在美國的女兒為何需要準備一大堆文件？我只不過區區領個新台幣 50 萬元幹嘛還問東問西的？」；王經理滿腹委屈地說：「賈先生！請多包涵，國際上掀起一股洗錢防制風，美國要求特別嚴格，我們賺的是賣白菜的利潤，冒的是賣白粉的風險！」；賈先生卻憋了一肚子氣：「以前你們待我如貴賓，現在看我像嫌疑犯？」

防制洗錢，人人有責

近年因國際洗錢與資恐事件頻傳，美國政府以國家安全為由，進行非法審訊、非法竊聽，甚至是大肆擴權；逼迫人民放棄自己的權力，海內外金融業者都必須配合美國，隨時提供個資且不得通知當事人，顧不得什麼民主自由？人權？或個人隱私？中國根本拒絕和其他國家合作打擊跨國洗錢，難怪會成為全球最大非法資金流動國，每年約有一兆元的人民幣；據 2018 年的統計，全球黑錢流出、流入國的前三名都是中國、香港、澳門！

台灣自 2007 年以來，洗錢防制法落後，詐騙犯在國際間惡名昭彰，2011 年被評鑑為「加強追蹤等級」，等於是被貼上「洗錢高風險」的標籤；增加資金匯出成本，影響金融業競爭力。2015 年朝著「提升洗錢犯罪追訴可能性、建立透明化金流軌跡、增強洗錢防制體制、強化國際合作」的方向修正「洗錢防制法」，並於 2017 年開始實施，洗刷了防制洗錢不彰的惡名；2019 年上半年查獲 534 件，沒收 36.88 億元（比去年同期 +800％），2019 年被評鑑為最佳的「一般追蹤等級」。

「洗錢防制辦公室」呼籲：「金融業受理開戶或交易，應落實確認客戶身份（Know Your Customer，簡稱 KYC），是遏止不法金流的第一道防線；民眾的配合可防堵非法洗錢，更可確保自身財產的安全。」可以說是「防制洗錢，人人有責」。

▶▶ 附表：常見的洗錢手法

項目或手法	內容說明	備註
旅行支票	海關不會對攜帶旅行支票者做金額的限制	無背書轉讓給第三者
賭場代幣	將代幣直接交付給洗錢的受益人；再由他去將代幣兌換回現金	5%左右的手續費
已中獎的彩票或馬票	與銀行勾結，以高價向得主私下購買	公開兌換
無記名債券或期貨	購買	斬斷金流
高價值物	購買古董珠寶、具價值收藏品、高價中古精品……等	低買高賣的假買賣
紙上公司	用空殼、信用不良、股份公司做假交易、股票投資、償還債務	假買賣
保險	不斷提升保金，轉換保險計畫，待一定年數後取回	可疑的因素已遭淡化
基金會	假捐贈給基金會，誘騙企業捐款，再掏空	逃漏所得稅，挪用善款
轉匯與結清舊帳戶	利用跨國多次轉匯	相關單據有保存期限
人頭帳戶	怕人頭到銀行盜領	外國開戶，人頭不知
外幣活存帳戶	使用多次小額存款存入，再到外國提領外幣	螞蟻搬磚
跨國交易	利用交易金額造假灌水的方式	高價買普通消費品

地下匯兌	非法兌換外幣、外國的無記名與背書的支票	客戶至外國存入帳戶
跨國企業的資金調度	以大批的現金紙鈔進行跨國搬運	以麻繩捆綁、紙箱搬運
百貨公司的禮券	具有高度的流通性，但也有不易兌換回現金的特性	有人脈消化禮券
人頭炒樓	用人頭向承包商或開發商以半價現金買入後在短期內快速脫手，	獲利約 50%～ 100%
假借貸	收錢的人持有對方開立的遠期兌現的本票或支票	常用於收賄或貪污
偽幣或偽鈔	將偽幣或偽鈔，通過多次小金額消費、ATM 找零、紙鈔兌硬幣	將偽幣或偽鈔洗成真錢
比特幣等加密貨幣	搭配混幣服務，難以追蹤真實身份	近年來常見的洗錢工具
第三或第四方支付平台	未實名註冊、管理不規範的帳戶	POS 機、電子錢包、點卡

資料整理：顏長川

5 處理世界級危機

2019 年 12 月，從中國武漢「華南野味市場」傳出喜吃蝙蝠……等野味的人，被一種新型冠狀病毒感染，沒多久即宣告不治；後來發現跟死者接觸過的人也陸續出狀況，最後甚至整個小區都 GG 了。中國原以為自己可以應付，還在百步亭讓四萬個家庭參加「萬家宴」，一片歌舞昇平；沒想到疫情一發不可收拾，2020 年 1 月 23 日武漢宣布封城，2 月 6 日全國就淪陷了；2 月 10 日習主席宣告要全民總動員打一場嚴肅的防疫戰爭；不到兩個月中，全球遭受「武漢肺炎」的無情肆虐，人人自危，確診人數和死亡人數天天翻新高。誠如《金融時報》形容：「這是中國版的車諾比」；《經濟學人》狐疑：「到底要壞到什麼程度？」；《時代》則稱：「這是中國的考驗」！

武漢肺炎之後被 WHO 正名「COVID-19」，是本世紀前所未見的急速傳播，更從疫情中心點的中國「鎖國防疫」開始，演變成近代規模最大的一場全球隔離行動。自 2019 年延燒到 2020 年年底疫情發展仍不見好轉，全球已突破七千萬人確診、美國確診人數將破一千五百萬人，隨著歐洲多國舉國封鎖，疫情又升溫了。

🌐 史上最毒，世界危機

　　冠狀病毒（Coronavirus）以邊緣顆粒狀突起、外型長得像皇冠得名，屬於會突變的 RNA 病毒；在已知的數十種冠狀病毒中，會感染人類的有六種，最知名的是曾造成嚴重疫情的「嚴重急性呼吸道症候群」SARS 病毒，以及「中東呼吸道症候群」MERS 病毒。新病毒與 2002 年的 SARS 有 80％的相似度，也極似浙江舟山蝙蝠身上的冠狀病毒，病毒相似度高達 99％。

　　中國衛生健康委員會已向世界衛生組織（WHO）提供引發新冠肺炎的新型冠狀病毒基因序列；「新冠肺炎」已被定位為「國際公共衛生緊急事件」，WHO 的專家甚至估算全球 2/3 人口恐會被感染，引起國際震驚，形成世界危機（附表一）。

▶▶ 附表一：新冠肺炎 vs. 其他病毒　　　　日期：2020.12.24

病　毒	名稱	鑑定年	確診案	死亡數	致命率	確診國	備註
Covid-19	新冠肺炎	2020～？	72,362,285	1,614,510	2.23%	187	全球正在發展中
MERS	中東呼吸道	2012	2,494	858	34.40%	28	新人畜共患呼吸系統
H1N1	流行性感冒	2009	1,632,258	284,500	17.40%	214	世界各地週期性發生

SARS	嚴重急性呼吸道	2002	8,096	774	9.60%	29	中國廣東→全球
Ebolavirus	伊波拉	1976	33,577	13,562	40.40%	9	非洲剛果（薩伊）

資料整理：顏長川

🌐 大家一起來抗毒！

台灣於 2020 年 1 月 23 日將疫情等級提升至第二級，成立「中央流行疫情指揮中心」，由衛福部長陳時中任指揮官；每天早晚召開記者會或加開臨時記者會，將新冠肺炎疫情做滾動式最新進度報告，以安民心；另為避免產生「防疫破口」，對來自疫區的各種陸海空運輸工具及進出人員做最嚴格的篩檢及居家隔離；同時做出重要的相關決策，如：疫區航機之進出管制、新冠台商春節返鄉包機專案、國際郵輪之停泊、口罩之亂下產生的實名制、全國高中職（含以下）延後開學……等問題；連如何戴口罩和勤洗手都要教，可說是用心良苦。

台灣與中國僅一水之隔，有數以百萬計的台商及旅客在兩岸往返穿梭，每年約 1,200 萬人次，可說是位居全球對抗新病毒行動的最前線；幸台灣有先進完善的醫療及防疫體系（四度蟬聯衛生保健指數世界第一），正在力挺不被「社區感染」。

世界各國對「新冠肺炎」的反應，是採行「先是停飛，繼而撤僑，最後封國」的三部曲；完全視疫情發展程度與兩國的政治、經濟、貿易關係的深淺去做動態調整。

★ **飛機停飛**——因應 2020 年 1 月 23 日新冠封城，國泰港龍航空宣布：將從 2020 年 1 月 24 日暫停往來香港 - 新冠的航班，直至 2020 年 2 月 29 日止。

★ **撤僑**——美國準備先用包機模式，撤離在新冠的美國僑民和外交人員眷屬；法國則準備以包車方式，把僑民撤離至湖南長沙；部分巴基斯坦人要求政府協助撤離；斯里蘭卡、馬爾地夫也都紛紛跟進。2020 年 2 月 6 日中國全區確定淪陷之後，美、法、日、韓、英、西……等國乾脆直接撤僑回國。

★ **封國**——全球積極防堵新冠肺炎的擴散，據統計 2020 年 2 月 1 日已有 63 國相繼採取入境管制措施，禁止中國公民入境；同時中國也禁止人民出境，形同被鎖國。

🌐 跨國企業因應之道

新冠肺炎疫情持續擴散，產生跨國企業「加速脫中」的逃難潮（附表二），世界各國在中國的企業反應不一：有的仍照常營業但門可羅雀；有的先暫停營業兩個月再說；有的延後復工，但仍需視疫情的變化而定；有的暫時關閉或讓員工輪流放無薪假；有的裁員或乾脆撤離

中國……等；不只重創中國本土經濟，全球企業也需止血。

湖北地區災情更為嚴重，多個城市已經被封、進行交通管制，在湖北設廠的台資企業約有 20 家，在人員調度與交通運輸都受限制情況下，生產供貨恐受波及，更須慎防廠區內感染災情，受衝擊層面有待觀察，在湖北設廠的台資企業有 20 家。新冠肺炎疫情再迅速移向昆山、天津、深圳、東莞……等台商大量匯集處，兩岸往來變成一個極度敏感的議題。

台灣把防疫視同作戰，口罩已從民生物資升級為戰略物質，變成限量的管制品，民眾發生大排長龍的搶購現象，逼得政府採取實名制，以維護相對的公平；某口罩商 24 小時三班制全線開工達日產百萬片；成為最直接受益者；而台灣的航空旅遊業顯然是最直接的受害者，飛機航班取消，遊客銳減，陸客不能來，連帶使旅館、餐飲、酒店、電影、娛樂、零售業陷入淒慘的境界；而其他各行各業，甚至每個人都無法倖免；經濟專家估計：新冠肺炎疫情將使中國大陸 GDP 成長下降約 1％，台灣 GDP 成長也將隨之下降約 0.3％。

▶▶ 附表二：跨國企業因應之道

因應策略	公司名稱	措施內容	影響	備註
照常營業	Michael Kors	也無生意上門	1Q／損失 1 億美元	Versace, Jimmy Choo
暫停營運	上海，香港迪士尼	暫停營運	2 個月損失 1.75 億美元	2020 年 2 月 5 日起暫停在港營運世界夢號 星夢郵輪
延後復工	富士康	原訂 2/10 復工續延一週或部分復工（10%）	富士康影響員工近 1.35 萬人	廣東、江蘇、上海區內企業 2/10 起復工（僅 25%，續延）
暫時關閉	Apple MacDonald 現代汽車 空中巴士	關閉中國所有分店 關閉中國境內門市 關閉生產線 停擺組裝線	將吃掉中國汽車業產能 100 萬至 170 萬輛	NIKE、ADIDAS、H&M TESLA、STARBUCKS
放無薪假	國泰航空	輪流放無薪假（3/1 ～ 6/30）	3 週	2/4 宣布（約有 27,000 名員工）
裁員	香港航空	解雇	400 人	2/7 宣布（約有 3,400 名員工）
撤離中國	和民居酒屋	撤出中國	營業額縮水九成	上海和廣州，和另外 5 間店

🌐 危機應變小組，當務之急

2020 年 1 月 23 日，在無預警的情況下宣布「武漢封城」，顯示「代誌大條了」！新冠肺炎疫情一發不可收拾，航空、旅遊是首當其衝的兩大產業，馬上要採取應變措施，預計取消多少個航班或取消多少赴陸旅遊團？並針對風險去評估大小，將損失多少營收？而這只是剛開始而已，若時間拉長會傷到根本，攸關生死，應屬最頂級的風險。雄獅董事長王文傑於除夕（1 月 24 日）當夜發起二十多名高階主管進行電話會議，同時成立「武漢緊急事件戰情中心」；1 月 27 日戰情中心由虛轉實，十五位高管每天定時開會應變。

所有業務相關單位主管會先各自釐清緊急事件對該部門的影響，再考慮跨部門的相互關聯程度去打算盤，最後當然要綜合考慮到供應鏈是否有斷鏈之虞？客戶關係是否因而喪失或惡化？甚至連政府政策和社會責任都要顧慮到！員工擔心公司是否會照常營業，暫停營運、延後復工、暫時關閉、放無薪假或裁員？資安與隱私問題是否因人心惶惶而疏忽外漏？如何回應股東的關心？這些問題都要在第一時間、第一現場、第一次記者會召開之前就能搞清楚，最好平常已演練過，臨事就不慌亂；由董事長或指揮官或發言人，言簡意賅或鉅細靡遺地透過記者會說清楚、講明白。

原規定停工至 2 月 10 日，但新冠肺炎疫情正在發展中，鴻海竟然可以自產口罩，即使在「缺工、缺料、缺口罩」的情況下，鄭州區、深圳區，先求短期復工率到三～六成，再儘速分段完成百分百復工，

以免 iPhone 斷鏈。

▶▶ 附圖：危機處理流程圖

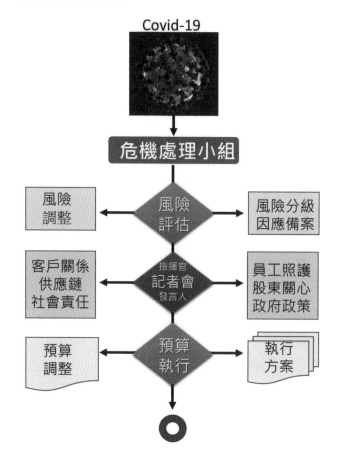

每一重大危機的發生，財務長最大的挑戰是必須在最短時間內，精算出危機所造成的風險有多大？損失有多少？企業承擔得起嗎？危機會延續多久？能速戰速決是最好，夜長夢多恐生變？所有的相關人

員都非常關心，甚至樂觀地幻想有沒有因禍得福或反敗為勝的機會？上海和香港的迪士尼樂園，決定暫停營運兩個月，之後全球 6 座迪士尼陸續關閉，直到 2020 年 5 月上海迪士尼才首先開園，迪士尼因疫情已損失 35 億美元以上；WHO 則估算全球經濟損失將超過 300 億美元。危機處理是「一回生，兩回熟」的事，台灣的「中央流行疫情指揮中心」，因有上次對抗 SARS 的慘痛經驗，這次對抗新冠肺炎的表現有板有眼，可圈可點，贏得大家 80％以上的信心。

🌐 防治公敵，人人有責

　　新冠肺炎疫情在 2020 年初爆發時，美國國務卿蓬佩奧宣布投入 1 億美元，協助中國等其他國家對抗新型冠狀病毒；另美國企業累計捐贈 3.84 億元人民幣（約 16.79 億元新台幣）現金和物資，佔整體 27.9％。雖然美中貿易戰、科技戰、金融戰……等打得十分火熱、但面對人類公敵──「新冠肺炎」，在 WHO 的協助下，世界各國還是會暫時放下成見，攜手抗病毒，同織一張全球防疫網且不容許有任何「防疫破口」。台灣在一～三天內，透過雲端，將移民署的「入出境紀錄」、健保署的「醫療資訊」及電信公司的「基地台訊號」等運用大數據和 AI 技術找出可能目標對象並發出簡訊通告之，讓「健保 IC 卡」成為嚴堵「防疫破口」的神器。

　　WHO 一再呼籲共體時艱（附表三），並強調人性道德勸說；居

家自主管理、居家檢疫、居家隔離 14 天等要確實做到以發揮公德心；口罩、酒精、洗手乳、抗菌液……等個人防疫資源設備，勿囤積居奇；但言者諄諄，聽者藐藐，由於私心作祟，小從封城、封鄉、封村、封小區、封樓、封房、到封口；大至封醫院、封省、到封國；都希望病毒不要到我家來，難免出現一些「人不為己，天誅地滅」的現象；也難怪會有人說人類的「自私、恐懼病毒」比「冠狀病毒」還可怕！

中國防疫權威鐘南山院士原本估計高峰期會落在 2020 年 2 月底，4 月會消失，事實不然，近 2020 年底，疫情仍不見終結跡象。根本解決之道是發展治療新冠肺炎的疫苗，大家把希望寄託在美國藥廠吉利德科學公司（Gilead Science）研發的新藥「瑞德西韋」，期望有一線生機；泰國醫生用愛滋病藥以雞尾酒療法治之，聽說也有療效；台灣的台大醫院既已分離出病毒株，那麼緊追著時間賽跑，發展出新疫苗也是指日可待；Pfizer 和 Moderna 爭搶販售新冠疫苗的頭香，而英國人率先於 2020 年 12 月 8 日施打，美國人及其他國家亦陸續跟上；希望全球人類能發揮智慧（人腦＋電腦）、想像力和意志力，能在最短時間解決這隻史上最狡猾、最惡毒、會突變的超級病毒 4.0（Covid-19），管它是人造或天生？疫情何時結束呢？恐怕要等到有疫苗可普及施打且有效安全後，看來已見到隧道的曙光了！

▶▶ 附表三：全球防疫大作戰

類別	因應策略	措施內容	備註
人性道德勸說	個人防疫資源	合理分配，資源共享 WHO、新加坡、香港等呼籲勿囤積居奇	醫療設備及人員、口罩、防護衣等（需求量＋100倍；價格＋20倍）
	自主管理	誠實申報病情（勿隱匿） 入境者填寫「健康聲明書」	國家級示警自主管理「簡訊」鑽石公主號郵輪旅客（1/31,6:00～17:00；北北基等51個景點）
	居家檢疫	14天（旅遊過中港澳者）	入出境紀錄／健保卡勿到處趴趴走
	居家隔離	14天（接觸過確診者）	落跑者重罰（12人／88萬元）用電信基地台訊號找出對象
	誰先需要誰先給	「你先領，我OK」運動（First Need, First Sreve）	第一線醫療人員及其他相關人員
	海上人球	禁止郵輪停泊港口（防疫＞人道） 只要是國人都要救／收容防疫資源之平衡？	郵輪成海上「方艙」道德綁架，人性勒索／價值選擇
預防疫情	勤洗手	七字訣：內外夾弓大立完 噴酒精、洗手乳……等	未洗手不摸臉、不碰口、鼻、眼、耳 洗手防疫效果比戴口罩好10倍
	戴口罩	正確戴法、適當時機 實名制（早八晚十）	非社區感染、戶外不必戴口罩華新醫材（口罩廠）24小時加工趕製
	噴抗菌液	酒精應先供醫療用，漂白水會傷粘膜 抗菌液安全、有效又環保	次氯酸水（水神）伊莉特免費供應5000瓶（公益）

	喝中藥	武漢肺炎屬於濕溫，直接攻擊下呼吸系統 部分中藥材可以增強系統的抵抗力。	魚腥草、薄荷、金銀花、雙黃蓮，人蔘敗毒散……等
	吃健康食品	預防，強身增加自身的抵抗力	隱形口罩似的紫雛菊類咖哩（薑黃素）、大蒜精、蜂膠等
	開視訊會議	溝通零距離、零障礙、無死角、有資安 省住宿、交通、誤餐費……等之時間與成本	360 度全景相機 YeaLink 視訊會議設備
對抗病毒	疫苗	瑞德西韋（Remdesivir）治療試驗	美國吉立德藥廠／楊台瑩（Taiyin Yang） WHO 說 18 個月內可就序
	分離出病毒株	台灣的台大醫院是全球第四個成功案例 四度蟬連衛生保健指標世界第一	唯一非 WHO 成員 27 國支持台灣加入 WHO
	治愛滋病藥	泰國醫生用「雞尾酒療法」試驗有效	隔天馬上止咳退燒
	核酸檢測試劑	1.5 小時的螢光反應照射可知採集樣本染病否	高端疫苗（6547）；阿根廷也有（2 美元 /80 分鐘）
	UVC LED	深紫外光，30 分鐘可殺Covid-19	光鋐（4956）＋研晶（6559）搶殺菌商機

都是 Covid-19 惹的禍！

　　新冠肺炎（Covid-19），俗名武漢肺炎，WHO 世界衛生組織秘書長譚德塞百般搪塞才勉強於 2020 年 3 月 11 日鬆口，承認將會形成「世界大流行」，嚴重威脅人類健康；全球股市於 2020 年 3 月 13 日的黑色星期五劇烈震盪，美股道瓊指數出現 1987 年以來最大起伏，狂瀉 2352 點（－ 9.99％），隔天開盤飆漲 1201 點（＋ 5.7％），投資人遍地哀嚎。美急注資 1.5 兆美元，德喊無限制軋錢，歐盟準備好開綠燈放行寬鬆，義大利、西班牙祭出賣空禁令穩市，日本和中國的央行向金融市場注資，中國再降準，台灣的國安基金呼之欲出⋯⋯等。

　　全球五百大富豪資產於當日蒸發 3310 億美元（約 10 兆新台幣）；若從今年算起，則這些富豪的資產已縮水 16％，達 9500 億美元（約 29 兆元新台幣）。世界首富貝佐斯身價一夕之間蒸發 2463 億元新台幣、全球第二名富有者比爾・蓋茲縮水 2123 億元新台幣、世界第三名巴菲特損失 2000 億元新台幣。聽說在非常時期聽到有錢人的財富蒸發的消息，有安慰窮人之效。巴菲特感慨地說：「他活了 89 歲，還沒碰過這麼激烈的財富震盪！」

　　星展銀行是全球最佳數位銀行，積極推動數位金融服務；目前，星展銀行（台灣）絕大多數的金融交易與信用卡服務皆是透過數位管道完成，其中，轉帳與換匯的線上承做比例最高，分別

達 66％及 59％。信用卡從申辦到繳款、銀行日常存匯、部分投資交易、24 小時換匯及申辦貸款……等，全產品線均提供數位服務。面對新冠肺炎疫情的挑戰，星展銀行（台灣）除研擬縝密的因應計畫與配套措施，確保營運不受影響外，亦提供多種數位金融解決方案，讓顧客無需出門，即可輕鬆完成銀行業務。

台灣確診第 54 例男是金融從業人員，赴泰、日旅遊帶回病毒，返台後還疑似隱匿病情，害得自己公司同事得居家隔離，連帶影響同住的三名金融圈的室友及相關接觸者共 33 人，這樣的行為竟意外成為金融圈的「防疫破口」，掀起金融大風暴！中央疫情指揮中心馬上向各保險公司董座及總經理發出通知，要求各保險公司向高層主管及從業人員進行出國管控，全面避免非必要及非公務的出國行程；金管會也要求台資銀行無論如何都該適度調降對中國高達 1.66 兆元的曝險部位。大家不得不同聲高呼：「都是 Covid-19 惹的禍！」

⑥ 新電商提供新零售

馬雲邀請 18 個羅漢，集資 50 萬元人民幣，繼上次創業失敗（中國黃頁）再起，於 1999 年共創 Alibaba；13 年內循著網路→支付→物流→金融→雲計算→大數據→新零售的軌跡，竟發展出淘寶網、天貓、聚划算、一淘、阿里國際事務、阿里小企業業務、阿里雲等七大事業群，2013 年再分拆成 25 個事業部；Alibaba 於 2014 年到美國 NYSE 上市，蛻變成一家國際性企業，而馬雲也在一夜之間成為中國首富。

KPMG 在 2017 年度創新報告中顯示：Alibaba 是美國 800 名高管心目中最具力量顛覆科技業的企業（電商、AI、IoT、Clouding），而淘寶網是全球最大的電子商務平台（佔中國大陸 80％）。意氣風發的馬雲與也曾是中國首富的王健林有一豪賭：「2022 年，若電商在中國零售市佔率＜ 50％，馬雲輸給王健林 1 億元人民幣！」

傳統電商已死，唯有走「虛實整合」的道路才能生存；新零售才是王道，零售已到 4.0 的境界，新零售把商業、零售、行銷都快轉至 4.0 時代。新電商以價值觀來匯聚粉絲，並以數位化的場景提供新零售。

傳統電商已死

近年來，台灣的三家電商 PChome、momo 和 Yahoo 奇摩的營收屢創新高，股價卻一路下滑？才上市的創業家兄弟和夠麻吉，幾乎沒有蜜月期，上市當天就是股價的最高點；而上線僅一年多的蝦皮拍賣，年化 GMV（Gross Merchandise Volume，成交金額）已經上看 18 億美元（約合新台幣 580 億元）；成立四年多的旋轉拍賣宣布其平台商品數已經突破 5500 萬件；成立七年多的 91APP 已有超過一萬家的品牌客戶。對台灣的電商平台來說，感受到最深也最直接的威脅，就是來自這些行動電商、境外電商和品牌電商……等。

台灣電商面對蝦皮拍賣一天燒掉 50 萬美元的挑戰，先是以「業績灌水」和「運費補貼撐不久」自我安慰；後來發現蝦皮的補貼絕非只是虛晃一招，而是真正燒出使用量來，蝦皮搶走的不只是需求端的消費者，還有供給端的商家；真正令人擔憂的是像蝦皮這樣的行動電商顯然更能抓到行動世代「隨拍即賣」、即時通訊等需求。面對的境外電商，除阿里巴巴旗下天貓、淘寶外，來自世界各國，還有更多的平台業者或品牌業者紛紛湧進台灣市場來。甚至，有許多業者根本不需要在台灣設立營運據點，如 Amazon、ASOS 等，一樣可以吸引大批台灣消費者上門；而資策會 MIC 最新的調查，在台灣已有 37%的網友有跨境網購經驗，且未來會再變本加厲的百分比高達 84%；台灣電商被迫不得不打世界盃。

而品牌電商透過台灣電商最大的問題就是無法掌握用戶消費行為

數據的變化，也導致前台行銷和後端系統之間出現斷鏈，無法做到最即時的配合。難怪 91APP 董事長何英圻會說：「只要做得好的品牌一定會走自己的路」。

台灣第二大團購網「17 Life」於 2017 年 5 月出現資金缺口，累積虧損達三億元且裁員 200 人，爆發經營危機；「Pay Easy」也於 2017 年 6 月宣布裁員 16％，讓公司陷入經營困境；台灣傳統電商過去只靠折扣與低價生存，現在面對實體業者跨足社群行銷，已沒有優勢；台灣電商既沒特色，轉型又跟不上趨勢更是一種集體現象。難怪郭台銘會說：「電商終將被淘汰？」對此，帕格數碼營運長徐有鍵認為，電商市場已趨飽和，唯有走「虛實整合」的道路才能生存。

也就是說，未來可結合物流、數據、平台的品牌型電商會取代現有的傳統電商。具體而言，現在大老闆急撤傳統電商，代表對其前景看衰。HBR 的研究報告指出，美國消費者跨通路購物比率已高達 73％；台灣消費者跨通路購物比率也已有 31％；若業者無法加速轉型調整，很快就會面臨新型態電商的挑戰，最終只能消失在時代巨輪下！

🌐 新零售才是王道

馬雲說：「傳統電商已死，新零售才是王道！」（附表一）；「新零售」是指企業以互聯網為依託，通過運用大數據、人工智慧等技術，對商品的生產、流通與銷售過程進行升級改造，並對線上服務、線下

體驗以及現代物流進行深度融合。簡單來說，新零售就是以消費者體驗（UX）為中心的數據驅動的泛零售形態；此波新零售（O+O）的革命，除了帶動新製造（智能）、新技術（AIoT）、新金融（普惠）和新能源（大數據）的變革外，還會掀起混血重生（人、貨、倉、配）、虛實整合（線上購買／線下體驗）和無人商店（無人貨架）的大浪潮，把商業、零售、行銷都快轉至 4.0 時代。很明顯地，零售業已從零售 1.0（雜貨店）→零售 2.0（便利／量販）→零售 3.0（傳統電商）→蛻變為零售 4.0（新電商）。

新零售以消費者為中心，以心為本，掌握數據，了解全世界消費者的需求，先在線上累積願意捨命相隨的鐵粉並進行會員管理，再確定線下實體店的角色，重塑實體店不可取代的價值；透過全通路（O+O）無時無刻地始終為消費者提供超出期望的內容及服務。此次新零售革命與以往任何一次零售變革最大的不同在「虛實整合」；將通過數據與商業邏輯的深度結合，真正實現消費方式逆向牽引生產變革。用數據為傳統電商優化資產配置，孵化新型零售物種，重塑價值鏈，創造高效企業，引領消費升級，催生新型服務商並形成零售新生態。Yahoo 奇摩在台灣和全家便利商店推出行動購物體驗店；和中國信託在支付上，從電子錢包、第三方支付，到信用卡的一連串合作……等，都是虛實整合的實驗，得出的結論就是：「行動支付和 APP 整合，就是打造虛實整合的最後一哩路」。

美國麻省 Kensho 有一個平台「Warren」以微型衛星建構全球網

路監控企業，建立了「動態企業資料庫」；有一家專門管理顧客關係
（Customer Relationship Management, 簡稱 CRM）的 IQ 公司宣稱：
可以預測代替猜想（消費者到底要什麼？），找出產品前測、精準
TA、精算成交轉換率、提升 ROI、甚至能算出「顧客下一次的購買是
什麼時間？」（Next Purchasing Time，簡稱 NPT）；其實這已經從
行銷 1.0（產品特色）→行銷 2.0（顧客滿意）→行銷 3.0（人本價值）
→推進到行銷 4.0（虛實整合全通路）的境界，也就是從「經營商品」
轉化成「經營顧客」了。

▶▶ 附表一：傳統電商 VS. 新電商

比較項目	傳統電商	新電商	備註
通路	從線上到線下 （O2O）	線上加線下 （O+O）	全通路 （虛實整合）
功能	網路（精準行銷）	網路（精準行銷） 店面（顧客忠誠）	黏著度低 求快、看到實品
導向	商品	消費者	知道、找到、買到 和得到（UX）
速度	競爭對手	顧客對服務的期待	顧客是上帝
核心	集中化	多極化	去中心化
因應措施	轉型	趨勢	轉型跟不上趨勢
經營重點	流量分配	粉絲匯聚	VIP 會員經營
行銷方式	折扣、低價	社群	社群行銷
製造特性	規模化、標準化	智慧化、個性化、 定製化	新製造（智能）
認同感	低（顧客）	高（粉絲）	會員成長率

顧客需求	猜想	預測	行銷 4.0
供給法則	生產影響消費	消費影響生產	逆向
庫存	高	零	終極目標

🌐 互聯網＋的概念

　　全球華人都喜歡說這麼一句話：「看今日之域中，竟是誰家天下？」；李嘉誠、鄭裕彤、李兆基、辜振甫、王永慶、張榮發……等都曾叱吒風雲過，但這個「互聯網＋」時代，已不再屬於他們的了！代之而起的是張忠謀、郭台銘、蔡明興、詹宏志、李澤楷、馬雲、馬化騰、馬明哲……等人，其中以郭台銘和馬雲最具代表性；美國總統川普稱「鴻海在威州投資 100 億美元」為世界第八奇蹟，並尊崇郭台銘是世界上最偉大的商人！馬雲生性樂觀、堅持，能自我檢討，具有遠見、願景（Vision），是中國 90 後心目中的偶像；尹衍樑認為馬雲有才幹，英文呱呱叫！孫正義聽馬雲簡報 6 分鐘就決定投資 2,000 萬美元，真是「英雄所見略同」。馬雲用電商創造「雙 11」購物節，在全球掀起購物狂潮，逼得有識之士在感恩節隔天呼籲「不消費」（Buy Nothing Day）；芬蘭、德國、瑞典……等歐洲國家則擘劃「永續消費」如：從少獲得更多、生活品質不是物質堆積而來、側重消費的相關資訊流通和知識養成……等。

　　「互聯網＋」時代也可以叫做後互聯網時代、移動互聯網時代、

物聯網時代、工業 4.0 時代、智慧地球時代……等，愛怎麼叫就怎麼叫；實體世界的一切都和虛擬網路世界建立了聯繫，也逐漸融合成虛實一體的新世界。每一行業每一個人都可以和「互聯網＋」拉上關係並因「連結」而產生「相乘」的變化；製造業和「互聯網＋」就變成智慧製造生態系統，也就是一般認知的「工業 4.0」；金融和「互聯網＋」結合就成為「互聯網金融」。如果將「互聯網＋」當成是一個破壞性技術，那麼帶來的不僅是新商機，也將把營運轉變為「平台型企業」及「兩極化組織」，中間階層將消失，形成如英國組織管理大師查爾斯‧韓第所預見的「大象與小跳蚤」並存的世界；「互聯網＋」可讓產業從虛無飄渺的雲端踏實的落地，嘴角露出一抹「微笑曲線」。

易觀「互聯網＋」研究院率先提出「互聯網＋」概念，透過三個爸爸、酣客公社、青山老農……等案例，歸納出成功之法，創新提出「新電商」概念，讓有好產品、好故事的個人或企業，都能在變化快速的互聯網下半場成為贏家！

豐富、前瞻的案例來自全球「最大電商實驗場——中國」，具權威性且定位精準，可為個人創業、實體企業、傳統電商提供一條創富、轉型升級之路，尤其是面對「流量紅利枯竭、低價競爭、成本增加、消費升級挑戰」而由盛轉衰的台灣電商更應戰戰兢兢認清新電商的主題、核心、玩法、成交、戰場都已改變，更應步步為營；而新零售的趨勢是數位世界和物理世界融為同一、誰接近消費者誰就是贏家、工業互聯網化不再是中國製造、美國製造，而是互聯網製造；其實這也

已從生產力 1.0（蒸汽機）→生產力 2.0（電力）→生產力 3.0（電腦）→進化到生產力 4.0（互聯網）了！。

新電商＝心聚粉＋新零售

易觀亞太（易觀國際的上市子公司）在 2016 年提出「新電商」的概念；新電商的定義＝心聚粉（價值觀匯聚粉絲）＋新零售（數位化全場景行銷）；而「實體企業」是新電商的主角；「新零售」是新電商的實踐方式，在和粉絲互動中，打通行銷鏈與供應鏈，有效率地創造獨特價值，傳播其價值，多場景成交價值的商業行為。

傳統電商有一套運算平台流量的思維，認為守住中心化流量入口，再打折促銷，就可立於不敗之地；但互聯網＋時代，已經沒有流量紅利，新電商的流量入口不再是低價，而是人格或心；新電商用「心」連結企業、產品和用戶的精神力量，這就是所謂的「心聚粉」；新電商弱化線上與線下的區隔，讓「消費者」和「門市員」齊頭並進去服務用戶，這就是所謂的「新零售」；新電商若能再充分應用獲利公式（附表二）中的工具，發揮其應有的功能，消費金額約可提高 15 ～ 30％，財源自然滾滾而來！

▶▶ **附表二：新電商的獲利公式**
＝來客數 × 提袋率 × 客單價－營業成本

項目	功能	科技應用（工具）	備註
來客數	引客、集客 互動和預定	服務型機器人、App 會員、社群行銷、互動式數位看板、多媒體平板應用、雲端候位系統	以顧客為中心
提袋率	導引、導購	觸動互控式導覽機、智慧電子菜單、智慧購物車、App 購物、QR Code 購物、AR 購物	專業度
客單價	留客、推薦 優惠兌換和積點	3D 虛擬試衣鏡、VR 互動遊戲體驗、定位感測技術、Beacon 推播信息、門店客流、來店屬性和店內熱點分析	說服力
營業成本	結帳 顧客關係管理 後勤管理系統	生物辨識進行身分驗證、自動結帳機、裝貨收銀系統、POS 收銀防損系統、空氣品質及能源管理	成本意識

7 滑世代滑出智慧來

清代詩人趙翼：「李杜詩篇萬口傳，至今已覺不新鮮；江山代有才人出，各領風騷數百年。」詩中有「世代」的說法，指的是「在某一段時期內出生，具有代表性和影響力，值得深入探討的一群人」。

國際公認的分法：傳統世代（1945 以前）、戰後嬰兒潮世代（1946～1964）、X 世代（1965～1979）、Y（千禧）世代（1980～1995）、Z（N）世代（1996～迄今）；傳統的世代觀大約每 30 年一個世代，後來期間愈縮愈短；台灣突然興起以民國紀元分：四年級生（民國 40～49 年）、五年級生、六年級生、七年級生、八年級生……等；中國則以西洋紀元分：50 後、60 後、70 後、80 後、90 後、甚至有 00 後的說法。現代的行銷專家則把同溫層族群的年齡、思考、態度、個性、行為……等特徵聚焦成一個字：青、銀、崩、厭、囧、嘲、滑……等世代，就這樣蹦出來了。

這是一個「人人是網民」的時代，大家都在滑手機；但見手機日夜隨身，片刻不離，令人不得不懷疑：「沒有手機還能活嗎？」、「有了手機還有時間讀書嗎？」希望滑世代的人能用手機滑出智慧來！

🌐 人人是網民，大家都在滑

人類面對新科技總是百般挑剔——

- ➤ 對「**行動電話**」質疑：「事情有重要到需隨時聯絡嗎？」

- ➤ 對「**互聯網**」質疑：「我家的電腦是極機密，怎麼可能跟你家的電腦聯在一起？」

- ➤ 對「**智慧手機**」質疑：「只要能通話就好，幹嘛搞得那麼複雜？」

- ➤ 對「**觸控螢幕**」的質疑：「按鍵是王道！用點的、用滑的、怪怪的？」

- ➤ 對「**物聯網**」質疑：「人與人、人與物、物與物、萬物都相聯，可能嗎？」

　　在萬方的懷疑聲中，通信技術已發展到「5G」時代，智慧手機 iPhone 已發展到 iPhone12；據專家統計：2020 年，全球的物聯網設備約有 750 億個，人口近 80 億，平均每人動用約 9 ～ 10 個；而智慧手機變成生活必需品，也是控管一切的終極武器；真的可以說：「人人是網民，大家都在滑」。

　　「滑」世代的人敢花錢去享受科技，把世界和改變放在口袋裡；拿起手機、平板電腦，輕輕一滑就可連上全世界。科技，正以超乎想像的速度和方式，改變大家的生活與學習型態。手指輕滑，就能跟哈佛學生上一樣的熱門課程；任何題材只要想學，YouTube 上多的是專家、老師；免費合作工作軟體，還能把個人創作分享到全世界。這是個知識爆炸的時代，也是個千變萬化的時代，最重要的是要能「把變

化帶來的挑戰視同機會」，還要能運用「自學能力」去建立「瞬時競爭優勢」，同時能跨出舒適圈，敢於改變心態去適應新環境和學習新技術；若能抱定「終身學習」的精神，那麼就可以年年唱：《今年一定會好過》，甚至天天唱：《明天會更好》；「跨、變、快」是區別溫拿（winner）或魯蛇（loser）的三字訣，要領是「能跨敢變還要夠快」！

隨著智慧手機的普及，人們沈迷於虛擬世界早已不是新聞；臨睡前，依依不捨地放下手機，失落感會讓人久久不能入眠；一起床，馬上打開手機，幾乎已取代對父母的晨昏定省；醒著的時候，整天一機在手，坐車、過馬路、支付和線上購物，「食衣住行育樂醫養」樣樣行。有時候卯起來，手機、平板電腦和電視三機齊開，一心多用，一眼多螢，低頭行進，或坐、或臥、或趴、長時間、近距離黏著 3C，每日超過 9 小時，把身體和眼睛都搞壞了！尤其社交軟體和自媒體大行其道後，不再羨慕有專業證照的醫師、會計師、律師和建築師，而以成為直播的網紅為畢生職志；至於肉搜、霸凌、假訊息、假新聞……等負評罄竹難書，也分不清是五毛黨或義勇軍了。

🌐 沒有手機還能活嗎？

世界各國的網民會各自利用自己熟悉或鐘愛的社群軟體，如 Facebook、YouTube、微信、新浪微博、Twitter、Instagram、

Linkedin……等建立人脈關係；利用 Messenger、WhatsApp、LINE、騰訊 QQ、Snapchat……等即時通信軟體互通有無；這些工具一旦上癮，因是持續性的片段注意力，使用人會變笨和憂鬱；常查看應用程式者比起最少使用者，產生憂鬱傾向高出 2.7 倍；還有研究指出：現在只剩老年人還在用 FB 了，而 Instagram 對年輕人心理健康所產生的負面影響高居 NO.1，這些都是社群媒體的副作用。

還有人歸納出滑世代的十大症候群：已讀不回、到處打卡、被詐騙、手機指、交通意外、五十肩、不會寫字、變相加班、人際關係差、雙下巴等；話雖如此，網民仍樂於利用智慧手機經營群組、拍照錄影、看影音、聽音樂、玩遊戲等；一半以上的網民每天會花 2～5 小時在線上，屬中度使用者；有約三成的網民每天會花 5 小時以上在線上，屬重度使用者；有人笑稱 Wifi 已成為陽光、空氣與水以外的第四大生命要素；有小朋友抱怨：「我媽每週 7 天，每天 24 小時都抱著手機。」令人不得不懷疑：「現代人沒有手機還能活嗎？」；聽說賈伯斯和比爾‧蓋茲都嚴格限制自己的孩子看電子螢幕的時間，難怪覺悟的父母會狠心地想戒掉電子保姆（iPod），親子一同參與「螢幕排毒」，提升小孩的語言和閱讀能力，改善親子關係，恢復正常的家庭生活。

在某「科技發展與智慧生活」的座談會上，曾有學生向教育部提議：「上課時滑手機的學生很多，老師很難制止，嚴重影響上課品質與氣氛；而且科技已阻礙人性，很多人因沉迷滑手機，濫用網路訊息，反而干擾他們分辨真實訊息；因此建議應制定『無手機日』，1 年有 1

天讓全國學生不帶手機入校園。」沒想到竟獲得台下學生的滿堂彩。倡導「無手機日」並不是全面禁止不要用手機，而是像「無車日」一樣，屬於宣導性質，提醒學生不要過度濫用手機，被手機綁架；「無手機日」象徵學生的自我反省，但正向鼓勵「如何使用手機」，手機也能變成教學工具，有助於快速掌握資訊。

親友聚餐的場合常見一桌人都在看手機、用 Line 交談的荒謬現象，難怪有人感慨：「世上最遠的距離是你在我眼前，卻在低頭滑手機！」以前的學生是低頭思便當，現在的學生是低頭滑手機。

「低頭族的手機」幾乎已成了各種重要集會場所、學校上課、培訓研討……等的天敵，大家都束手無策；頂新集團的培訓教室採取霹靂手段，每堂課前要求學員主動把手機置於一格一格的壓克力櫃（暱稱為養機場）中列管，曾引起很大的反彈！但「學員把手機放到養機場」可用肢體語言解釋為：「老師！我們是誠心誠意要百分百專心來聽你的，請教教我們吧！」試問，有哪個講師敢不傾囊相授？難怪頂新集團的培訓效果奇佳！看來各會議室、教室，甚至餐廳的每個房間等都應該要有此裝備，讓與會者就座前能自動「繳械」；「養機場」可說是滑世代低頭族的天敵了。

🌐 閱讀習慣，知識管理

搭捷運，八成以上的乘客都在滑手機；打開電視，有兩百多個頻

道可選擇；連上網路，就能同步收看各國影集。當選擇愈來愈多、時間愈來愈少，大家還有時間讀書嗎？

聽說半數以上的德國人有每週看一本書的好習慣；而比爾・蓋茲認同富蘭克林的「1 小時原則」，每天讀書 1 小時，每週 5 小時就可讀完一本書，一年可讀 50 本書；智慧老人一口氣開了 52 本書的書單，並把它們串聯成一篇文章，每週一本，一年可讀 52 本；這個有趣的創意吸引了年輕人的注意和興趣，竟在 FB 上用直播方式，完成了「2017 年讀書 A 計畫」；此模式獲得認同，完全移植為「中華電信 2018 年讀書 M 計畫」；智慧老人以永不服輸的精神，完成「2019 年讀書 B 計畫」；目前正在執行「2020 年讀書 C 計畫」，這可能是目前最有組織和系統的讀書會，目的在鼓勵滑世代利用手機養成閱讀習慣，吸收最新知識，強化創新能力；大家又可在手機的 FB 或 YouTube 上聽到「一週一書，永不服輸」和「有書有贏，吾願無悔」的琅琅讀書聲了！

管理大師彼得・杜拉克早在 1965 年即預言：「知識將取代土地、勞動、資本與機器設備，成為最重要的生產因素。」1990 年，知識管理的觀念結合網際網路建構入口網站、資料庫以及應用電腦軟體系統等工具，成為組織累積知識財富，創造更多競爭力的新世紀利器；1996 年，世界經合組織的《以知識為基礎的經濟》將知識經濟定義為建立在知識的生產、分配和使用（消費）之上的經濟。值此資訊爆炸時代，每年大數據的數量都會以 50％的速率快速成長（平均每分鐘 2 億封電子郵件、FB 有 240 萬則貼文、YouTube 有 72 小時影片、

Instagram 有 22 萬張新照片）；勝間和代認為人真正需要的資訊只有 1%；在「數據→資訊→知識→智慧」的流程中，愛因斯坦認為想像力比知識重要，成吉思汗認為意志力比智慧重要，蘇格拉底則認為了解自己就是智慧的開端；而《知識變現》作者張丹茹認為智慧的終端就是變現！希望滑世代能拼命滑出「智慧」來。

「萬能小秘」快來了

在 5G 的時代，智能物聯網（AIoT）、大數據（Big Data）、雲端運算（Cloud Computing）、終端設備（Devices）、邊緣運算（Edge Computing）、金融科技（FinTech）、電競遊戲（Gamification）和保健科技（Healthcare-Tech）……等新科技都已成熟且層出不窮，一台精緻可愛的「萬能小機器人」橫空出世，它具有超級電腦、千里眼、順風耳、會多國語言、多愁善感、能歌善舞、可自主深度學習、願代勞一切；它是導師、教練、經理人，也可兼差作療癒情人。夏普（SHARP）的 8K 技術剛好可派上用場，而手機機器人（RoBoHon）會更友善和萬能；相信郭台銘現在是滿腦子的（5G ＋ 8K），而手上拿的是（RoBoHon）吧！

各世代間的衝突、剝削、鴻溝、擠壓、傾軋……等現象難免，若能聽進美國政治家 Adlai Stevenson 所說的話：「某個世代看來荒謬絕倫的事，往往是另一個世代看來智慧無雙的表現。」就能達到「五代

同堂」共存、共容、共榮、共融、共好的美麗新世界。現在是每個人一支智慧手機，不久的將來，相信每個人都會有一台可當手機用的「萬能小機器人」；到時候打電話，只要開口用「說」的就可以，不要再用手「滑」了！李嘉誠用這句話勉勵大家：「給自己機會，堅持自己的夢想」，總有一天會夢想成真!!

▶▶ 附表：各種世代分類表

種類	世代名稱	年齡	特徵	備註
兩個字	橘色世代	50~64 歲	* 想要及需要、報酬與風險、事業與家庭求平衡 * 事業有成，經驗傳承	* 善於理財 * 保險、基金
	寬鬆世代	31 歲以上	* 日本曾實施「寬鬆教育」下長大的世代 * 填鴨式教育→主動學習及思考能力	* 只挑輕鬆的事做
	酷老世代	80 歲以上	* 以酷終老、安心樂活 * 拒絕拐杖和輪椅	* 智慧科技是主流
	千禧世代	18~38 歲	* 愛好小品牌、熱愛科技與社交、追求品味 * 難置業、薪金追不上通漲，有苦自己知	* 碎片化閱聽、分享 * 體驗、健康、仿效
	創客世代	20~40 歲	* 一大群酷愛思考、熱衷實踐的人 * 開放關鍵技術，願意資源分享 * 動手自己做（DIY）	* 擅用網路社群 * 募資平台 * 挑戰既存價值觀

英文字	X 世代	39~53 歲	* 較為保守、悲觀的；為工作而活	* 注重性價比
	Y 世代	18~38 歲	* 愛旅遊、愛轉工、愛虛擬、愛手機；為活才工作	* 又稱 Why 世代
	Z 世代	17 歲以下	* 2001.9.11. 後出生的人 * 忙上網（Networks）交朋友、約會興趣缺	* 又稱 N 或 i 世代
西洋紀元	50 後	59~68 歲	* 像海綿，把所有的經濟利益吸乾抹淨，債留子孫 * 退休潮，開始賣住宅及股票供自己花費	* 戰後嬰兒潮 * 反低利及高通膨
	60 後	49~58 歲	* 經濟起飛、充滿希望的世代 * 約會冰果室，愛救國團活動，全民瘋棒球	* 刻苦耐勞
	70 後	39~48 歲	* 民歌、鄉土文學，追尋自我的世代 * 出國看見多元樣貌，嶄新的自由，勇於追尋自我	* 新新人類
	80 後	29~38 歲	* 與網路一同呼吸成長的世代 * 白手起家→以文創、手作來創業，重新定義成功	* 草莓族
	90 後	19~28 歲	* 教改白老鼠，政經解構的世代 * 經濟衰退和全球性災難，相對不安全感	* 水蜜桃
	00 後	18 歲以下	* 世界公民意識崛起的世代 * 玩具是 iPhone 與 iPad，用手滑出全世界	* 櫻桃

一個字	青世代	25~45歲	* 工作、生活平衡；人際和團隊關係和諧	* 太陽花學運
	崩世代	25~55歲	* 財團化、貧窮化與少子女化的危機 * 微型創業、節儉消費、往外發展	* 多學一種外語 * 放眼全天下
	厭世代	28~30歲	* 低薪、貧窮與看不見的未來 * 用彈性、另闢新路，反將社會一軍	* 喇著滑鼠出生 * 素質最優秀的一代
	囧世代	37歲以下	* 對現實不滿，造成無奈與無力感 * 張口、皺眉、失意、矛盾與不知所措	* 囧王國裡 造天地 * 最愛「海綿寶寶」
	銀世代	60歲以上	* 節儉、碎碎唸 * 有優退資格；65歲強迫退休	* 銀髮族
	嘲世代	30歲以上	* 誰紅就起底誰？嘲笑誰？？ * 透過各式素材進行二次創作	* 用嘲笑展現創意
	滑世代	3~100歲	* 任何會滑手機、平板電腦的人	* 低頭族

8 讓消費者 WOW 三下

菲利浦・科特勒（Philip Kotler）對行銷下了這樣的定義：「行銷 1.0」是以「產品特色」為核心，而「行銷 2.0」是以「顧客滿意」為核心；「行銷 3.0」觀念則是以「人本價值」為核心，可以吸引眾多的粉絲追隨；「行銷 4.0」時代、也就是「行動社群」時代的來臨，以「社群影響」為核心。

「數位」改變了世界的行動與社群媒體，是一種「破壞式創新」；而 F4 因子（Friends、Families、FB Fans、Twitter Followers）構成一整套「行動社群行銷學」。在新虛實融合時代，還在談行銷 4P 的人，請改說行銷 4F 並迅速升級到行銷 4.0 吧！科特勒一再叮嚀：「從傳統移到數位」（Moving from Traditional to Digital）。

數位時代的「新顧客體驗路徑」帶來「新行銷方法」，重點在利用手機的 APP 提升顧客數位體驗、透過 CRM 與顧客互動對話、透過 Gamification（遊戲化）讓顧客有參與感，若能讓顧客 WOW 三下，就對了！

🌐 新顧客體驗路徑

　　菲利浦・科特勒被公認為現代行銷之父，《華爾街日報》將他譽為前六大最具影響力商業思想家；他提倡新虛實融合時代以贏得顧客的全思維，把 AIDA（Attention、Interest、Desire、Action）改為傳統的 4A（Aware、Attitude、Act、Act again），再改為 5A（Aware、Appeal、Ask、Act、Advocate）的「新顧客體驗路徑」即顧客先從接受資訊、增加品牌印象、引發好奇、參與行動，最後成為品牌傳教士，也就是「認知、訴求、訊問、行動、倡導」。用「購買行動比率」和「品牌擁護比率」來衡量行銷生產力；從顧客的門把型、金魚型、喇叭型、漏斗型四種體驗找出產業特性、顧客行為。

▶▶ 附表：顧客體驗路徑之演變

型態	內容綱要	備註
AIDA	Attention、Interest、Desire、Action 應用於廣告銷售領域	路易斯 （E.St.Elmo Lewis）
4A	Aware、Attitude、Act、Act again 興趣＋慾望＝態度；新階段（再次行動） 重複購買、顧客保留率、顧客忠誠度	洛克 （Derek Rucker）
5A	Aware、Appeal、Ask、Act、Advocate 企業廣告＋顧客口碑＝品牌知名度 增加顧客的品牌印象（新產品的早期採用者） 適度引發顧客的好奇（個人→社群） 讓顧客參與互動（消費，使用，售後服務） 讓顧客成為傳教士（主動或被動推薦）	自我影響力 他人影響力 外在影響力

數位時代的行銷方法

⭐ **人本行銷**——顧客是最有影響力的人，人本行銷是數位時代建立品牌吸引力的關鍵，擁有人性特質的品牌才具有差異性；行銷人找到品牌應該聚焦處理的潛在人類焦慮與渴望，運用的常見的方法如：社群聆聽、網路民族誌和同理心研究。人本品牌具有充沛的活力、充滿知性、社交性格、情感豐富、性格鮮明和道德感等六種特質，組成一個完整的人，使品牌變得更人性化。

⭐ **內容行銷**——內容行銷是新的廣告，必須要經得起 5 秒鐘的挑戰，遵循設定目標、選定觀眾、構思規劃創作傳播內容、放大宣傳、評估效果和改進等八大步驟，才能創造顧客的好奇心，並能有效與顧客開啟對話。

⭐ **全通路行銷**——這是一種整合網路和實體多種通路，提供無縫接軌，而且持續穩定顧客體驗的行銷方法，是目前已被證實頗有成效的行銷主流；難怪沃爾瑪會增建網路、Amazon 則推出實體店，成功要領是用大數據優化全通路體驗路徑，並找出最關鍵的接觸點和通路，完成品牌的承諾。

讓顧客有參與感

俗話說：「一試成主顧」，也就是說：「將首次購買顧客培養成忠實擁護者」；專業術語：「銷售循環產生首購者，設法讓其一再重購，

成為忠實擁護者」；其方法有三——

★ 運用手機（APP）提升顧客數位體驗

據專家估計：2020 年，全世界 70％的人擁有智慧手機，產生 80％的行動數據流量；閱讀新聞、分享內容並了解社群是主要使用目的，美國人平均一天會看 46 次，可見手機已成生活必需品，是和顧客參與互動的最佳通路、自助通路；手機 APP 還能整合到核心產品和服務上。

★ 透過社群顧客關係管理（CRM）與顧客互動對話

在社群媒體上和品牌互動後，有約 90％的顧客會向其他人推薦品牌，其動機感比一般人強三倍，因此，社群 CRM 是一項很重要的工具；傳統 CRM 是由企業主導，社群 CRM 是由顧客主導，且透過多向對話方式進行。先是傾聽顧客心聲，再洞察對話意涵，最後在顧客問題被大量傳播前，提出解決方案。

★ 加入遊戲化機制（Gamification）可提高顧客參與度與忠誠度，增進品牌親和力

遊戲化機制是一種創造顧客參與的有力方法，有約 53％的企業同意遊戲化將成為主流；航空公司的累積里程是最早的例子，可以換取免費機票或其他產品和服務；另也可用點數把顧客區分不同等級，或頒發徽章給各級評論員。行銷人員必須先設定目標，再說明如何取得不同等級的認可及立即享有的激勵，最後可加強顧客追求的動機，客

製化銷售、交叉銷售和追加銷售的策略，就任你玩了。

行銷關鍵在「WOW」

「WOW」是當顧客體驗到無法言喻的愉悅時所發出的驚嘆！構成 WOW 的三個特性是驚訝的、客製化的以及會傳染的；超出一定的期望就會出現 WOW 的時刻，只有體驗過的人才能啟動，而且會把這個好消息傳播給很多人。

WOW 似乎是偶然的，一旦碰上就好好善用病毒傳播的效應，顧客自然會「一傳十，十傳百」；透過策略、組織架構和流程設計，可以訓練員工在 5A 架構的顧客體驗路徑中，為顧客創造 WOW 時刻，和競爭品牌做出區隔來！

成功的企業和品牌會設計和製造超出顧客期望的驚訝時刻（WOW），體驗過 WOW 時刻的顧客會透過口碑和社群媒體散播病毒給很多人；WOW 時刻對顧客而言是一種享受、體驗和參與，也是在新虛實融合時代贏得顧客的全思維；具有「行銷 4.0」概念的行銷人永遠在思考這個問題：「如何讓消費者 WOW 三下？」，果真如此，消費者的涉入度、參與度、黏著度就全都有了！

9 哪家點數最有賣點？

虛擬貨幣經濟學是未來趨勢，也是一門顯學，小至個人、企業，大至國家，都必須了解的經濟新知。

近年來，互聯網世界大行其道，人們在網路玩遊戲、購物或其他種種活動，都接受「網路貨幣」或「虛擬貨幣」，甚至只叫「點數」也管用。像「比特幣」這一類的虛擬貨幣已有七千多種；廣義而言，便利超商點數、各種零售公司與品牌的累計積點、信用卡紅利點數、航空公司里程數……等，也都可以叫「虛擬貨幣」；有朝一日，說不定真的可以用點數買比特幣！

如果各行各業都奉「客戶是神，會員經營」為圭臬，且深信「點數是膠、是第二貨幣」，那麼「點數經營」就是王道，可以用點數把客戶黏成忠貞的終身顧客；所有顧客最關心的是：「哪家點數，最有賣點？」

客戶是神，會員經營

各行各業的員工薪水其實不是老闆發的，而是客戶給的，所以有「客戶是衣食父母」（Parent）的說法，連老闆在客戶面前也不得不低頭，而員工心目中必須有客戶的存在；後來在各行業的爭寵下，有些行業把客戶的位階拉高到「客戶為王」（King）的境界，甚至有些行業乾脆就一次把客戶的位階拉到「客戶是神」（God）的最高境界，除了「天下沒有不是的客戶」、「客戶永遠是對的」、「一切客戶說了算」的信念外，面對客戶，只有頂禮膜拜了。

各行各業無不卯足勁用全年無休的免付費服務專線電話（如：0800-024-365 或 0800-365-024）去解答客戶的任何疑難雜症或雞毛蒜皮的小事，以期能贏得「客戶滿意度」，使客戶願意再度光臨進行重複購買，市占率因而提升並進一步累積「客戶忠誠度」成死忠兼換帖的客戶，競爭對手使盡吃奶力氣也不見得挖得走。後來發現光讓客戶滿意還不夠，必須技巧地給點「小確幸」讓客戶出乎意料的驚喜（注意！不是驚嚇！），進一步再用實質行動去感動客戶，讓客戶覺得「足感心ㄟ」；最後！讓客戶取得「隨」意「嗶」一下的體驗（UI和 UX）以憾動之；憾動比感動多一顆心，把客戶當神去憾動祂。

各行各業的客戶資料在早期都儲存在企業的資料庫內，尤其是B2C 的行業，客戶的個人基本資料都一一建檔，視為最寶貴的資料；但因客戶的職業調動及地址變遷很快，不到半年，資料的準確度即喪失大半，很多的 DM 都石沉大海，達不到行銷效果；只有銀行的信用

卡客戶因每個月都要寄對帳單，資料準確度勉強還能維持 8 成，運用一點 Data mining 的技巧去挖掘，還能發揮客戶關係管理（CRM）及業務交叉銷售（Cross-selling）的效果。現代的「數據科學家」會拆解消費者海量數據（Big Data）轉化成巧數據（Smart Data），提供令人揪心的客服，進行精準行銷或智能客服，改善企業獲利模式。有些企業會將客戶關係置於模式中，採取各種靈活的訂閱方式及免費活動來進行「會員經營」，提升客戶的市場價值和建立永久關係，期能將免費會員升級成為付費會員。

點數是膠，黏著客戶

在各式各樣刺激客戶消費的手法中，「累積計點或累積里程」是大家公認最有效的手法；花旗銀行早在 1993 年就推出「PASSAGES」計畫，讓金卡持卡人的消費每 30 元就可累積一點或一里以換得新航、馬航和國泰航空的免費機票；美國運通於 1994 年推出「萬里酬賓」計畫，讓 AE 持卡人的消費每 28 元就可累積一里以換得華航的座艙升等或免費機票，且申請信用卡就先送 500 里；中國信託於 1995 年也跟進推出「刷卡得利」計畫，讓持卡人的消費每 30 元就可累積一點或一里可以換得旅遊折價券，專享國泰假期。

發卡銀行有「累積計點或累積里程」計畫之後，對消費者而言，他的每一塊錢的消費都能促使他早日取得座艙升等或免費機票的禮遇；

因此他不會放過任何可以刷卡消費的機會，甚至大夥兒一起出差時，他也會搶著幫大家刷卡付費，俾能快速累積他的點數或里程數。有些發卡銀行將點數的運用活化：可以換抵用券或折扣券（單一）、兌換夢幻商品及服務（多選）、抵年費、抵消費金額、現金回饋……等，以提高點數的價值，取得持卡人的信賴，也覺得划算、新鮮、有趣，客戶喜好度、忠誠度、黏著度油然而生，信用卡的三大 KPI：新申請（Acquisition）、消費金額（Usage）、挽留率（Retention）就萬無一失，而「點數」成為「如膠似漆」的必要（Must have）殺手鐧了！

「累積計點」的機制於 20 幾年前，由銀行界首開風氣之先，航空業的「累積里程」計畫與之相輔相成，讓持卡人吃盡了甜頭，引起各行各業的效尤，頓時點數滿天飛。「你集點了嗎？」成為熱門流行的問候語；其中，以便利商店模仿得最徹底甚至青出於藍。他們是從傳統的貼紙進步到虛擬點數，貼滿貼紙或集滿點數就可以換得一個萌翻的「Hello Kitty」、「好神公仔」、或夢寐以求的「模型車」……等，形成年輕人喜愛到便利超商集點預購，家庭主婦瘋狂到超市集點加價購的現象；便利商店推出集點活動已是常態，愈來愈多銀行業者也將信用卡紅利積點活動與超商做結合，由此看出台灣人愛集點的特性，使「點數經濟」近幾年在國內消費市場發酵。

除了常見的信用卡紅利點數，目前針對零售通路做整合、發行會員集點卡的有：Happy Go 卡、iCash 卡、得易卡和點鑽卡……等。

🌐 點數經營，第二貨幣

全台便利商店總數超過 10,000 家，平均 500 公尺有一家（每家約有 7 個員工販賣 2,000 種商品），每天有 250 萬人次來店客並賣出 500 萬件商品，是全球密度（每 2,211 人有一家）第二高的國家，僅次於日本（每 2,248 人有一家）；2016 年突破了 3,000 億元的營業額。只要有創意，一年就可賣出 2,000 萬條夯番薯，創造 5 億元商機；冬天喝平價熱咖啡、吃關東煮，夏天喝思樂冰、吃涼麵，有位置小憩一下，順便上個廁所，幾乎已成每個人每天不可或缺的生活中心；消費順便集點，再將累積點數折抵或免費兌換其他商品，聰明善用點數還可以額外賺些回饋，所以便利商店應該也是「點數匯流的中心」。

「點數經營」除了建構一套自己的發行、兌換、帳務、清算⋯⋯等機制外，讓消費者隨時隨地手機一按就能知道「點數的消長」是最基本的要求，而「點數的累兌」是最關鍵的成功因素；就消費者的立場而言，點數最好不要設期限，否則也要有相對應的配套措施（打賞或發紅包給親朋好友或愛心捐贈社福團體）（附表一）。點數經營的三部曲分述如下：

★ **累點多元**——作為集團企業或母子公司的申辦業務、行銷活動、行動支付和商城消費的贈點，客戶購買點數送給客戶，和銀行、航空和其他機構交換點數⋯⋯等；原來點數是可以移動、買賣、交換的，能交換點數且不設上限的機構愈多愈好。

★ **集點靈活**——針對某項特殊活動採用倍數加碼及點數回饋的機制，可以讓消費者加速累積點數，達成活動的目的；或讓急性子的消費者馬上可以用點數和現金（點＋金）靈活搭配買到心儀的商品。

★ **兌點優惠**——在自有或合作夥伴的網路商城、實體通路都能兌換到商品並享受優惠的小確幸；若能直接折抵消費金額甚至是現金回饋，那就是大確幸了；現金回饋比例高是消費者最喜歡的福利。

「客戶數」是一切業務的基礎，用「電子錢包」吸引客戶成為免費會員或付費會員，電子錢包裡面有最受歡迎的幾種「行動支付」，再搭配「點數」後如虎添翼；有人說：「只有行動支付沒有點數，則缺誘因；只有點數沒有行動支付，則缺動能；行動支付加點數，則能創造正向循環。」；消費金額可以換出點數發行量，「擁有點數的客戶數」是一隻金雞母，而點數「平均兌換率」是重中之重的 KPI，把點數看作虛擬或第二貨幣（second currency）就會產生致命吸引力！

▶▶ **附表一：台灣行動支付點數市場概況**

點數名稱	HappyGo	UUPON	Open Point	Ponta	Line Point	Super Point	Hami Point
錢包／卡片之整合	Friday 錢包	悠遊卡	iCash2.0	得易卡	Line 聯名卡	樂天 信用卡	Hami Pay
企業集團	遠東集團	悠遊卡 公司	統一集團	東森集團	日本 Line公司	台灣 樂天市場	中華電信
2017年 點數會員數	1,000萬戶	300萬戶	200萬戶	600萬戶	620萬戶	500萬戶	NA
2017年 點數發行量	4億元	0.6億元	2.33億元	0.4億元	29億元	NA	NA

🌐 哪家點數？最有賣點！

點數除了採封閉式（在自家集團內）的經營外，可採開放式的合夥（1對1）或聯盟（1對多）方式，根據雙方或多方（本身＋共生會員）的所有消費情報，運用大數據的分析技巧，洞察消費者的心，研究消費者的行為，精確掌握消費者的喜好，傾聽消費者的聲音（Voice of Customer，簡稱 VOC），比消費者還了解消費者（Know Your Customer，簡稱 KYC）；最後發展出一份每個消費者都想擁有的夢幻商品或服務的願望表（Wishing List）（見下頁附表二），消費者會照表操課、按圖索驥、分分秒秒、角角分分地去消費累積點數，只為了能早日夢想成真。

某家電信公司擁有最大量的客戶數、某家便利商店幾乎接受所有的支付工具（約20來種）、某家金融機構擁有最豐富的累積計點或累積里程的經驗、某家外商竟於最短時間內建立一個點數經營的灘頭堡、某家境外電商竟能讓消費者跨境消費並轉換點數；任何人只要能夠將上述的諸家之長熔於一爐，必將成為「全國最具魅力、最有賣點的紅利積點」（見附表三），到任何地方都可累兌！

▶▶ 附表二：每月 Top10 夢幻產品

排名	品牌	商品名稱	市價	直購價	全點換	加價購
1	美國康寧 REVERE	藍寶石不沾平底鍋	$13,680	6,840 元	6,840 點	500 點 +1,599 元
2	Samsonite	輕量拉桿拖輪後背包	$9,000	5,000 元	5,000 點	600 點 +3,999 元
3	日本伊瑪	三明治機	$1,280	699 元	699 點	200 點 +499 元
4	澳洲 Cooksclub	水果冰淇淋機	$2,680	1,680 元	1,680 點	300 點 +1,299 元
5	德國 BRITA	2.4 公升馬利拉花漾壺	$1,350	799 元	799 點	200 點 +450 元
6	歌林	Hello Kitty 隨行電子鍋	$1,280	888 元	888 點	300 點 +500 元
7	WMF	平底煎鍋	$1,980	1,743 元	1,743 點	300 點 +599 元
8	日本伊瑪	熱循環不沾雙面煎烤鍋	$3,990	1,980 元	1,980 點	300 點 +699 元
9	SMF	貝瓷真空保溫隨行杯	$2,980	1,890 元	1,890 點	400 點 +999 元
10	KUMANMON	鑄瓷可微波保鮮盒（2 入組）	$1,180	630 元	630 點	300 點 +199 元

▶▶ 附表三：Hami Point 點數交換對照表

點數交換	換入Hami Point	換出Hami Point
泰體點	100點 →6點	6點 → 100點
UUPON	20點 →6點	6點 → 20點
OPEN POINT	7,500點 →25點	35點 → 7,600點
得易Ponta	750點 →30點	30點 → 750點
LINE POINTS	30點 →25點	63點 → 50點
中華航空 CHINA AIRLINES		63點 → 100哩
中信卡電信點	100點 →20點	
中信卡紅利點	1,000點 →80點	
亞洲萬里通 A	5,000哩 →700點	72點 → 100哩
聯邦銀行紅利點	1,000點 →50點	

資料整理：顏長川

案例 LINE Points 點數愈來愈難賺

中國信託的 LINE Pay 卡，已發行 300 萬張，成為「全國最大卡」，累計發出 LINE Points 100 億點，但進入 2020 年新年度，想要從這張卡賺取 LINE Points 點數，難度恐怕更高了，因原有的「點數生態系」遊戲規則複雜度提高，持卡人得「更努力」配合遊戲規則來消費，才能看到它一點一點地累積起來。就中國信託而言，等於是在短短 3 年內（2017 年正式推出），用 100 億元的代價，發出 300 萬張，締造國內信用卡單一產品最大發卡紀錄，這筆帳到底划不划算？算盤應該好好打一下！

2019 年底，因調降 LINE Points 一般消費回饋率，中國信託必須額外有替代方案才能對消費者有所交代，除給予海外消費者消費回饋 2.8％外，更提供 14 項特定通路加碼優惠，從時尚購物到加油、健身、瑜珈、購物……等，都有 3 ～ 5％的回饋，秀泰影城則回饋 10％，Hotels.com 訂房回饋率更高達 15％。

但最新公布 2020 年回饋方案，除了國內消費 1％、海外消費 2.8％不變外，Hotels.com 訂房的 15％回饋，卻限定消費金額需達新台幣 1.2 萬元（含）以上，才可全額獲得 LINE Points 15％回饋；屈臣氏消費的回饋加碼從「天天」縮減成「週日」，而週日單筆消費滿 988 元，則給予 LINE Points 13％；此外，原有的愛買加碼取消，雖新增小北百貨，但僅限週四單筆消費滿

488 元，才回饋 LINE Points 50 點；同時新增 LINE TAXI 叫車服務，提供 LINE Points 8％回饋。

　　喜歡看電影的持卡人，想賺點數務必記得在「週二」消費，要唱歌得選在「週五」；喜歡網購、網路訂房訂行程的持卡人，2020 年起至 KKDAY、KLOOK、Zalora、NIKE、Chales & Keith、生活市集、誠品網路書店、Gomaji、家樂福……等消費，都有點數加碼；但持卡人若沒有透過 ShopBack 的網頁進站消費或忘了登錄，就拿不到額外回饋了。

＊資料來源：自由時報 投資理財

樂天超級點數

　　台灣樂天信用卡股份有限公司，於 2015 年 1 月 13 日正式對外宣布在台同時與 JCB、MasterCard、以及 VISA 三大國際組織品牌合作發行推出第一張「樂天信用卡」，提供無條件終身免年費，以及所有通路累積無上限的 1% 樂天超級點數回饋。在台灣樂天市場消費，含原有樂天市場 1% 樂天超級點數，可享有共計 2% 的樂天超級點數回饋。樂天信用卡將引進日本獨特的樂天生態圈，以樂天超級點數串連台灣線上線下消費商機，在台引爆點數經濟大戰！

　　樂天集團現已為全球前三大電子商務網站，未來相信能藉由樂天集團於全球電子商務領域之優勢及經驗，帶動台灣電子商務國際化，並同時結合台灣本土地方產業的特色，爾後將把台灣發展的成功經驗複製到全球其他市場，進而促進台灣電子商務產業更為蓬勃發展；日本樂天信用卡自 2005 年成立至今，已成為日本國內成長最快的信用卡公司，截至 2014 年已連續六年獲得 JCSI（Japanese Customer Satisfaction Index）第一名佳績。樂天集團在日本以電子商務、金融服務與數位內容三大核心發展策略，成功以金融服務串連起電子商務、數位商品、旅遊、電信等多元業務，打造出線上線下無縫的全方位服務，並建構強大的樂天生態圈（ecosystem）。

　　台灣樂天市場在台成立已邁入第 8 個年頭，會員數於去年底已突破 300 萬人。樂天信用卡提出的點數消費概念，希望讓消費者在消費過程中隨時享有如現金折抵般的優惠，除了幫消費者省錢，也能幫消費者更快累積樂天超級點數，以創造消費者正向的回饋；特色為不限國內國外與任何通路，凡使用樂天信用卡所有一般消費皆可累積兌換 1% 樂天超級點數，每消費 100 元＝ 1 點，1 點＝ 1 元，累積沒有上限限制，而且只要消費者在樂天市場持續獲得超級點數，所有點數皆無效期限制。消費者持有樂天信用卡累積的樂天超級點數，可在樂天市場多達 210 萬件的商品中換得自己真正想要的商品，除了幫消費者省錢，也幫消費者更快累積樂天超級點數。有以下三個方法：

1. 消費賺點好輕鬆：在樂天市場任何一間商店選購商品，單項商品滿 100 元，樂天市場回饋您 1% 的樂天點數（1 點＝ 1 元）。
2. 聰明集點：每月不限店家，總消費金額滿 3,000 元；樂天市場再額外送您 10% 的樂天點數。
3. 免消費也能賺點：參加樂集點活動，每天登入還可抽 1000 點！

購物如何使用樂天點數回饋？也有四種方法：

1. 消費全額折抵：無消費門檻、0 元也能下訂，樂天點數能全額折抵訂單包含運費！

2. 點數換點數：UUPON、OpenPoint，還是亞洲萬里通；交換樂天點數讓您走到哪用到哪。

3. 點數換折價券：把點數放大，最高增值 100 元！

4. 點數超值兌換：萊爾富 Pickup 店，光泉冷泡茶一瓶 25 點，全家 Let's Cofe 大杯美式咖啡 48 點，頂呱呱 pickup 店樂天獨享 199 點，肯德基原味蛋塔 32 點。

有些樂天超級點數的鋼粉分享心得如下：

每個月都要買的生活用品一次在樂天買齊，省去了採買的時間也不用扛來扛去，有了更多休息時間；高價電子產品都不太打折，但有了樂天點數的回饋，最少都打了九折，配合信用卡可折更多；填問卷或拿試用品都能獲得樂天點數，積少成多，就像有第二份兼職一樣，不用花錢就能買東西也有點數拿很開心。如果你是小資族，你一定覺得在全民抗漲的時代，薪水不漲，但樂天點數會漲！樂天點數達人教你聰明消費賺點數，會員購買單件商品每滿 100 元可享 1% 樂天點數回饋，每月還有不定期加碼賺點數活動，賺取樂天點數，一點等於一元，直接折抵消費。

樂天市場採用 SSL 系統，信用卡卡號將以密碼傳送，資訊絕對安全。跟多家國際支付公司合作提供多元支付，又與多家物流中心合作，便利配送，服務範圍廣及巴西、法國、德國、日本、美國，最是國際化！

✼ 資料來源：樂天超級點數官網，顏長川整理

⑩ 破除數字的魔障！

很多人從小對數字就有一種莫名其妙的恐懼感，因此算術、代數、幾何、三角函數、微積分……等有關數字的科目，成績都不是很好，有時候甚至會考「鴨蛋」；最常聽到的感嘆之言是：「我是數字白癡！」、「我的數學最爛了！」和「財務報表簡直是一本無字天書！」但冷靜想一想，從生活、工作到投資，處處都得用上數字。

在商業世界裡，數字尤其重要；數字會說話，所以是很好的說服工具，若能看出數字背後的意義，數字會變黃金。數字像是儀表板，可以指引方向和預測未來；數字也像是體檢表，是行動的結果和評量的工具。不知你是否有過這樣一句經驗談：「對數字有感的人薪資比一般人多三成，而對數字無感的人失業率是一般人的兩倍！」

「數字管理」是職場的關鍵成功因素，想攀爬職涯天梯者，一定要洗刷「我是數字白癡」的恥辱，但也不必淪為錙銖必較的「成本控」；至少要能勇敢喊出：「財務報表不再是天書」、「財報分析不再是天條」。

🌐 我不再是數字白癡

哈佛商學院新生一入學就被指定閱讀《How to avoid getting lost in the numbers》，目的就是要對數字有一定的敏感度！在職場上勝出的人，通常對數字都很有一套，或具有「數字感」；他們會用數字去思考問題、表現經過整理的論點、訂定事情的先後順序、推敲隱含在數字背後的故事和說服決策者。「數字力」成為各級主管必備的能力，具體一點地說，就是要在心中對於數字所反映出來的真實，依據自己的專業與經驗，建立起一套評斷的標準，然後據以做出行動；把目標與現實用數字表達，就是解決問題的第一步，所以有人說：「數字力就是決勝力」。

身為主管，必須體認數字的重要性，凡事都要附上數據與參考資料，評估或分析任何情況都試著將其數字化、養成計算「合計值」的習慣、試將所有目標都數據化、修正錯誤數字並追究原因、隨時掌握最新的數據；此外，主管還要隨時提醒自己：「數字是兩面刃」，數字固然是溝通與說服的利器，但是若遭惡意扭曲，則會成為欺詐的工具；許多企業弊案就是起因自竄改財報數字，試圖混淆視聽；《經濟學人》說：「這種現象就是釀成 2008 年金融風暴的禍首之一！」

很多主管習慣僅憑「感覺」或「直覺」來計算投資報酬率和打員工考績，但「直覺」通常是錯的，「感覺」也很不可靠；唯有用數字管理才能不受錯覺的影響，隨時調整公司體質，漸次地達到業績目標。很多主管懂得如何管理人，卻不知如何管理金錢，而且不敢面對自己

對於財務的恐懼感。一旦成為了主管，數字絕對是管理上的重要工具，唯有徹底熟悉商業財務知識，了解數字背後的意義，才能運用數字做好管理。王品的 KPI 制度的數字使員工對企業獲利充滿休戚與共的一體感，每週分紅一次，還能不誠惶誠恐、和顏悅色地面對顧客嗎？

🌐 我不再是成本控

　　各行各業「磨練經營感覺」的最好方法，就是要求組織內的各個部門主管都要做成本控管；成本可以決定產品售價（成本＋利潤＝售價），而透過成本內容的分析，則有助於了解哪些項目成本過高或效率不彰。例如：安迪・葛洛夫（Andy Grove）曾以「經理人的時薪×會議時數」計算會議的成本，藉以說明會議的召開必須有效率和具體成果，否則就是浪費人力與資源。部門主管還要能有效運用資金，使用金錢之前，要預測效果或效益如何？使用之後更要詳細確認。在日常生活中，養成大小事情都必以「損益計算」的方式來思考。但凡事都以成本為主要考量，也會失之太苛刻，若售價可被顧客接受，則 Cost down 並不是萬靈丹，反而 Mark up 更符合顧客的爽點。

　　柯 P 是個數字狂，當台大醫師是為二千多個葉克膜患者分秒必爭，變成台北市長是為三百多萬個市民計較錙銖；馬英九也是個數字狂，本該為二千三百萬的國民福祉打算盤，卻要求治安簡報的數據要精確到小數點；郭台銘更是個數字狂，每天為一百多萬個嗷嗷待哺的員工

的生計傷腦筋，一年創造好幾個兆元的營收。但願每個職場人士都對數字敏感，能破除數字魔障，財務報表不再是無字天書，會用「加、減、乘、除」做財務分析，很有自信地喊出：「我是個數字狂」。

財務報表不再是天書

職場人士最關心的是他所服務的公司值不值得賣命？股市人士最關心的是他所選定的公司值不值得投資？公司值不值得賣命？要看它的財務結構（健不健全？）和償債能力（會不會倒？）；公司值不值得投資？要看它的經營能力（會不會做生意？）和獲利能力（有沒有賺錢？）；這些問題都可從四張主要的財務報表（資產負債表、損益表、現金流量表和股東權益變動表）找到答案；也就是說財務報表可以評估企業過去的經營績效、衡量企業目前的財務狀況和預測企業未來的發展趨勢。

財務報表是檢驗各個公司營運狀況的基本資料，台灣證券交易所規定所有上市上櫃公司都必須按時公告，以達資訊公開透明，其特性如下：

★ **資產負債表**──永久的存量關係，重防禦，強調風險觀念，是一張體檢表；總資產＝負債＋股東權益，若各項資產均配置允當且管理良好且自有資本率 > 50％、每股淨值 > 10 元，可大膽舉債經營而發揮財務槓桿效果。

★ **損益表**—— 一時的流量關係，重攻擊，是一張成績單；營收是企業獲利的火車頭；會直接影響毛利、淨利和股價；也可看出企業的產業位置與產品競爭力。

★ **現金流量表**—— 從期初和期末現金流量的變化，可得知本期現金流量之變化是來自三大活動即：營業活動、投資活動和融資活動，企業會不會赤字倒閉？

★ **股東權益變動表**—— 表達會計期間內企業股東權益變化的情形，具有連結「損益表」及「資產負債表」兩大報表的功能；可看出企業主如何讓辛苦打拚一年的大家利益均霑。

　　財報資訊是顯微鏡，也是望遠鏡；看懂財報不一定會贏，不懂財報很可能會輸！各種報表交叉分析方能為用；財報資訊必須跨年度或與同業比較分析才更有價值。

🌐 財務分析不再是天條

　　企業管理是一項專業，財務則是共同的商業語言，最重要的比率都是以財務為基礎；這些比率是人人都能運用的關鍵財務工具，它讓你管理真相，而不僅是計算數字。商場上所用到的數學，其實都不會很難，有專家說是不會超過國中數學程度；也有人認為甚至只要看懂阿拉伯數字和會加減乘除即可。

財務分析不再是天條，不再是只有專業的財務主管才看得懂；通常是針對企業的財務結構、償債能力、經營能力和獲利能力等四大類進行分析，其特性如下：

★ **財務結構**── 負債比率（Debit ratio）即負債占資產比率＝負債總額／資產總額；而自有資本比率＝ 1 －負債比率；零負債經營或高財務槓桿就看各自的經營哲學。

★ **償債能力**── 流動比率（Current ratio）＝流動資產／流動負債，一般水準＞ 2；速動比率（Quick ratio）＝（流動資產－存貨）／流動負債，一般水準＞ 1。

★ **經營能力**── 應收帳款周轉率（次）＝銷貨淨額／應收款項餘額，平均收現日數＝ 365 ／應收帳款周轉率；存貨周轉率＝銷貨成本／平均存貨，平均銷貨日數＝ 365 ／存貨周轉率。

★ **獲利能力**── 總資產報酬率（ROA）＝稅後損益／平均資產總額，一般水準為 1％；股東權益報酬率（ROE）＝稅後損益／平均股東權益，一般水準為 15％。

企業要使獲利最大化的方法，不外乎增加收入、控制成本和節約費用、增加營業外收入等。

增加收入最好的方式是從定價著手，如：何時漲價／降價？如何為新產品定價？控制成本需兼顧品質，精通採購的三大絕招，找出經

營高效率；還有各式各樣節約費用的方法……等。日本經營之聖稻盛和夫把這些經營與數字視作「實學」，各級主管都必須努力學習；《執行力》的作者更預測：未來的各級主管都要成為數學機器，而公司將會成為數字之家（Math.house）。

個人篇

5G 從業人員之因應

5G

1 金融人員的工作態度

5G 新世代下，金融業雖有「科技化」的壓力，但金融業影響國計民生甚鉅，係屬特許行業；在申請設立時有非常繁複的要求和規定，也就是有很多白紙黑字的政策（Policies）和作業流程（Procedures）要遵守。因此，金融人員一向保守拘謹、一板一眼，一切「照步來」就對了。

標準作業程式（Standard Operation Procedure，SOP），是在有限時間與資源內，將某一事件的標準操作步驟和要求以統一的格式描述出來，並將關鍵控制點進行細化和量化的一套程序，用來指導和規範日常的工作；SOP 能夠縮短新進人員面對不熟練且複雜的學習時間，只要按照步驟指示就能避免失誤與疏忽。波音公司也認為只要機師奉行 SOP，就足以因應緊急狀況。航空公司為削減成本買舊機升級版，讓已經熟悉 737 的機師在 iPad 學 2 小時就飛上天，可省下一大筆培訓費；沒想到半年竟連摔兩架波音 737 Max 及 300 條人命，而遭停飛 3 個月，波音公司損失約 50 億美元營收和無價的消費者信心；顯然，SOP 除了職員的照本宣科外，還需要有誠信正直的熱情配合，才能發揮應有的功能。

🌐 「標準化」可一再重複操作

標準是科學、技術和實務經驗的成果；標準化則是在一定的範圍內為獲得最佳秩序，對實際的或潛在的問題制定共同的和重覆使用的規則的活動，也就是制定、發佈及實施標準的過程。一個國家通過標準及標準化，可以整合和引導社會資源，推動自主與開放創新，加速技術累積及科技進步、產業升級以及經濟、社會、環境的全面、協調、可持續發展。

國際標準化組織（International Organization for Standardization，ISO）成立於 1947 年 2 月 23 日，制定全世界工商業國際標準的國際標準建立機構。如果 SOP 結合國際標準化組織所制定的與品質管理有關的 ISO 9000 系列標準的四階文件，即——

★ **第一階：** 品保手冊

★ **第二階：** 程序（跨門部相關作業權責定義說明）

★ **第三階：** 作業規範（較為細項之作業說明 ex：機台操作規範……等）

★ **第四階：** 記錄表單。

而 SOP 就是屬於第三階，即作業性文件，須具備以下 8 大項目：1. 目的 2. 適用範圍 3. 職責 4. 參考文件 5. 定義 6. 流程圖 7. 作業流程說明 8. 附件。聽到人資長說已備妥一套職員的崗位說明書及各部門的 SOP 時，康師傅的 CEO 作夢都會笑 !!

合乎 ISO 的 SOP 是一套標準化的作業程式,在正常條件下大家都能理解又不會產生疑義,能一再重複操作而使工作技巧達爐火純青的境界。對麥當勞和統一企業等以服務見長的大企業來說,SOP 是重要資產、公司經營的 Know-How,只要 SOP 完備,就可以快速展店;中國的瑞幸咖啡在 2018 年創立後兩年就要展店 3600 家,準備彎道超車,一舉超越在中國的 STARBUCK,應該就是拜一套縝密的 SOP 之賜,但再怎麼縝密的 SOP 也鬥不過造假的營業數字!請謹記一個過來人的感慨:「一個產品只要進入標準化,就要進入紅海了!」。

🌐 「效率化」可降低成本、提高品質

SOP 貫徹 ISO 的核心精神(想的、說的、做的、寫的都是同一套,白紙黑字且年年更新),可實現生產管理規範化、流程標準化,是企業最基本、最有效的管理工具和技術數據,可樹立良好的生產形象,取得客戶信賴與滿意。此外,SOP 係將企業累積下來的技術、經驗,記錄在標準文件中,以免因技術人員的流動而使技術流失; 也可使操作人員經過短期培訓,快速掌握較為先進合理的操作技術,即可提高效率、降低成本;同時根據作業標準,易於追查不良品產生之原因加以改善,提高產品品質。

而 SOP 成也在人,敗也在人;多數問題是由人的專業不足、無心、疏忽、誤解、健忘、意外或故意等行為所造成的錯誤而導致 SOP

的僵化或不合時宜，反而阻礙目標的實現；「人」可說是最大單一不可控的因素，如何預防人為錯誤、消除人為缺失，確保工作在首次執行時即可正確無誤的進行，是推行 SOP 的首要之務。但要容忍一些挑戰 SOP 的組織烏鴉嘴，他們也許是未來的接班人。

日前警方查獲的詐騙集團竟也有 SOP，該集團將詐騙手法詳細記載成為詐騙執行手冊。當詐騙集團也懂得藍海策略（詐騙手法推陳出新）、知道長尾效應（對準特定小眾族群進行詐騙也能獲利），並充分運用 SOP 時，原來這個社會早已進入「知識經濟」時代。如今的「數位經濟」時代，有一種「寫 SOP 其實就是寫程式」的說法，詐騙集團的技術已升級到「駭客」的程度，警方也應該隨之有「駭客」的水準，可以「real time on line」地進行「黑白」對抗。

「制度化」可用法治代替人治

SOP 是一個體系，也是一個制度；必須有涵蓋性、說服力和執行力；工作文件內容要簡明扼要、清楚明白，讓新進人員便於進入狀況；可說是企業不可或缺的一套典章制度，可以傳諸久遠，不會人亡政息，也就是能以法治替代人治。企管專家余世維說：「一個公司要有兩本書，一本書是紅皮書，是公司的策略，即企業文化和經營管理策略；另一本書是藍皮書，即 SOP，標準作業程式。」

在自由民主社會的企業內，制度當然可以調整修改，但是需要經

過完全的民主程序；所謂的完全，就是充分討論，多數決定。為了避免因人設事，需要做利益迴避；做好程序正義才有實體正義，否則就是破壞制度或根本毫無制度，產生人治重於法治的現象！最擔心有些企業主管一上台就三令五申：「蕭規曹不隨！我說了算！照我的方法去做！」

🌐 「最佳實務」可創造卓越績效

一般公司內部的運作，處處仰賴 SOP；有的公司雖小，但 SOP 累積多年之後也是厚厚一大本。一般來說，SOP 會告訴人員，要怎麼做一件工作、處理一件事情、調用公司的資源……等。企業間也會相互比較各自的 SOP，並找出最佳實務（best practice），特別是市場領導者的最佳實務，先經過市場的考驗，創造出卓越績效，成為同業的學習標竿（benchmark）；再經過時間的考驗，原創者會被同業共尊為教父或教母（Godfarther or Godmother）。

金融人員的行事風格除了會把事情做完以盡基本責任外，還會要求品質把事情做好；同時兼顧速度、樂趣和意義（如附表）。也就是說除了盡責把工作做完外，也會把「樂」、「活」的事情做得「好快樂」！

▶▶ 附表：金融人員的行事風格

五字訣	做事態度	內涵	說明	備註
完	把事情做完	責任	* 使盡九牛二虎之力仍未完工 * 如期完工是基本責任	使命必達
好	把事情做好	品質	* 不僅做完還要做好 * 品質是第二生命，絕不妥協	品質至上
快	把事情做快	速度	* 短跑決勝在 0.01 秒之間 * 5G 是百倍速時代	速度第一
樂	把事情做樂	樂趣	* 吃苦當作吃補 * 把工作當興趣	樂在工作
活	把事情做活	意義	* 知道為何而戰？為誰而戰？ * 工作的意義何在？	活在當下

SOP 狂 vs. SOP 控

案例

台灣廠辦之父趙藤雄是個「狂熱工作，極究細節」的人；最欣賞王永慶，參考台塑管理方式展開遠雄事業多角化；聽說遠雄的辦公室桌面十分整齊，檔案歸類清楚，計有三十三類制度、無數的施工範本……等，隨著不同的專案隨時更新，然後 IT 化。專案流程控管可精準到算天數，「新人只要輸入公式，蓋一棟標準廠房所需時間就出來了。」一通百通，一棟棟廠辦、一個個事業就這樣複製出來了。很多離職員工回憶：「在遠雄工作期間，幾乎天天都在寫 SOP！」證明趙藤雄是一名 SOP 狂。

台北市長柯文哲也是一個 SOP 偏執狂，具有正直誠信的人格特質，自己的專長從不吝於寫成 SOP 與人分享，過程遇到不順或挫折，馬上修改 SOP；這種有錯就改、求新求變、清楚明確的 SOP，讓隨時進來的新人都能很快上手，讓每個成員都能發揮所長，讓每個人都認為自己在這團隊中很重要，讓大家都有光榮感，每一個人都覺得自己正參與一場改變歷史的大事。柯 P 這種不藏私，願意和人分享的氣度，讓整個團隊的運作順暢。柯太太陳醫師感慨地說：「SOP，人人可複製；但人格特質，卻無人能夠模仿！」柯 P 前競選總幹事姚立明這樣觀察：「如果為市政打拚的熱情不先被激發出來，或團隊榮譽感根本不存在，那柯 P 的 SOP 狂熱，就很可能遭受嚴屬挑戰！」台北市「大巨蛋案」讓趙藤雄和柯文哲成為彼此的可怕對手；趙藤雄的 SOP vs. 柯 P 的 SOP，到底會將「大巨蛋」孵出什麼怪物來？且拭目以待！

案例 **穿著 Armani 的惡棍**

　　台灣早期的銀行大都是公營行庫，從業員需通過高普考取得公務員資格才能捧金飯碗；一般大學商科畢業生大都循此路徑成為傳統的金融人員，保守有餘，開創不足；中文和 English 夾著說的畢業生或留學歸國的 MBA 則挑戰外商銀行，尤其是花旗銀行的儲備幹部（Manager Assistance，簡稱 MA），可習得整套的新金融商品與服務，但競爭異常激烈，易淪為「穿著 Armani 的惡棍」；盧正昕算是開山祖之一，陳聖德則人稱外匯教父，曾帶「小花幫」投靠中信銀；老中信人被迫兵分二路分別成為板信銀行和華泰銀行的「小中信幫」；龔天行、蔣國樑、丁予康、吳均龐、丁予嘉號稱富邦五公子，劉奕成、程耀輝則屬後起之秀；顯然，進入外商銀行練基本功是金融從業員入門的不錯選擇。

　　吳均龐（James Wu）台大法學院畢業後即進入美國摩根大通銀行工作，取得美國密蘇里大學 MBA，再進入美國信孚銀行，因表現優異，輪調到東京、紐約、台灣及香港等地，受到完整的國際金融歷練；40 歲時決定返台發展，先進入富達投資，又轉換到富邦銀行、再轉至花旗銀行，最後落腳在德意志銀行後退休；35 年的銀行經驗可說是一位不折不扣的跨國金融家，從外商銀行到本土銀行，從投資銀行、商業銀行到證券、基金公司；是一位充滿人文氣息、人性智慧、最具世界觀、最懂得如何和老外打交道的華人，素有「台灣金融才子」之稱；從他身上可找出三個

學習重點來描述：

1.「外語能力」：吳均龐小時候居然敢主動教一個小老外騎腳踏車，學會什麼事都可用他那破英語表達得淋漓盡致，袪除了恐懼感，增強了好奇心，這是吳均龐踏入跨國金融業的先決條件；再加上與老外東拉西扯了 35 年，碰到穿著 Armani 的惡棍也不怕；想在外銀圈打混的人，多益 900 分應是底線。

2.「周遊列國」：吳均龐曾任職美國摩根大通銀行、美國信孚銀行、富達投資、富邦銀行、花旗銀行和德意志銀行；接觸的人種，除台灣人、中國人外，還有美國人、英國人、日本人、印度人、猶太人……等；與苦守在台灣奮鬥 40 年的資深銀行家比起來，說他是一個周遊列國的跨國金融家應不為過！

3.「外銀老總」：除了薪水高，職稱好聽，外表光鮮亮麗，執行職務上處處受亞太區業務或行銷部門主管管轄，外商老總的地位，有時可能還比不上台灣本土金融機構的一位經理；但吳均龐 31 歲就擔任某跨國金融機構總經理，50 歲再出任德意志銀行總經理（德意志銀行是德國最大銀行，歐洲資產排名第二）；這樣的一位外銀老總真的「喊水會結凍」，但吳均龐卻得了一個「最低調的外銀老總」的封號！

《銀光盔甲》於 2017 年 6 月 5 日出版；雖說是一本小說，但實質上應該說是一本散文集；吳均龐自德意志銀行退休後，賦

閒在家，以 49 天／ 16 篇／ 10 萬字寫下本書，濃縮其 35 年來與
15 國人才交流過招的親身經驗，以第一人稱的故事寫法，洞悉
複雜商業背後的人性；他最希望讓外界知道：「金融業不只是冰
冷數字，卸下盔甲，也有顆溫暖的心」。從本書上可以學得的三
個活用觀念如下：

1.「專業」：老一輩的本土資深銀行家曾經感慨地說：「只
要懂得存、放、匯三個字，就可搞銀行了」；台灣經濟起飛至金
融風暴發生前，是在台外商銀行的黃金時期，帶進很多新金融商
品和服務如信用卡、ATM、共同基金、衍生性商品、投資理財……
等；未來的 3 ～ 5 年，FinTech、Big Data、Blockchain、Virtual
Currency……等，已聽得耳朵長繭；金融業是專業中的專業。

2.「績效」：外商銀行一向講究績效，績效是硬道理；國內
外的外商或本土銀行已創造出評估績效優劣的「世界標準」如資
產報酬率 ROA、淨值報酬率 ROI……等。吳均龐雖是蔡明興的
建國中學、台大法學院的同班同學，但還是要明算帳的！

3.「人性」：某位承諾吳均龐要投資台灣的全美繳稅前十大
富翁說：「我們可以很友好，但我們不是好友；賺錢，你分紅；
賠錢，你走人」。原來「有錢人想的跟你不一樣」！而美國人大
無畏的野心、英國人迂迴婉轉的曖昧、日本人心思細密的職場文
化、猶太人錙銖必較的狼性……等；都是在國際金融圈打滾中，

悟出的「人性的弱點」，可以善加活用。

　　吳均龐從不應酬的邏輯：「要請喝酒的人，不敢借錢給他；要借錢給他的人，他不喝酒」；因此，吳均龐以閱讀代替喝酒並紓壓之；他提醒大家先把中文底子打好，再加強英文；語言能力除表達無礙外，還要能有人文素養、思維和遠見。無論從事任何行業，脫下多厚重、多冰冷的盔甲，都還要「永保一顆溫暖的心」。

② 非金融人員的數字觀

在5G 新世代下，非金融業有「金融化」的壓力，且很多人都有一個誤解：「金融人員整天在金錢堆裡打滾，每天一定要把帳搞清楚，一塊錢都不能少；銅臭味很重，數字觀很強！」以為只有金融人員才需要數字觀？其實非金融人員更需要「數字觀」，對數字敏感，遇事才能精密算計，可立於不敗之地。

數理科較強的工科畢業生再讀個企管碩士（MBA），就很容易在職場上出人頭地；而在職場打滾過十幾年的中堅主管再補修個在職企管碩士（EMBA），也很容易更上幾層樓。他們的最大特色是對「數字」有感，用「比例」衡量，敢於做「決策」，說話有「魅力」，具有「商業頭腦」及「科技背景」，是「長字輩主管」（C？O）的不二人選。英國職場人士有藉考「會計師執照」（CPA）強化財務管理知識的習慣，台灣職場人士則可參加《非財務背景人士的財務管理研習班》，以便「看懂會影響企業的每一層面的財務報表」並能「活用數字做決策」。

職場人士活在由阿拉伯數字、百分比、符號、公式、函數、模型、圖表和生態系……等所組成的「數字世界」中，一定要學會「用數字蹲馬步」、「用財務報表練神功」；就可以知道企業有沒有現金？能不能賺錢？會不會倒？

用財務報表練神功

很多人對「數字」有莫名的恐懼，更把「財務報表」看成無字天書；要「如何善用和解讀會計師和財務長所編纂出來的數字和比例，看懂一大堆財務報表，協助做出更好的決策，成為公司不可或缺的棟樑之才」具有相當的難度；如果有人能把財報寫成像一本故事書，讓人願意廢寢忘食地想一口氣把它讀完，能從生硬的數字中透視經營的精隨，還能活用財報，增加企業競爭力，則善莫大焉！

看懂財務報表的首要之務是，先把「為什麼會計需要三張財務報表？這三張表之間的關係是什麼？為什麼現金流量表如此重要？」這三個問題釐清楚：

★「資產負債」（balance sheet）

在某一特定時點，公司資產的概要說明，並提供和公司資本架構與風險相關的資訊；點出（資產＝負債＋業主權益）的平衡關係。

★損益表（income statement）

在某一特定期間，衡量一家公司的營收、費用與獲利能力（創造出來的價值）；俗稱的三條線（first line、middle line、bottom line），是最令人關心的財務報表，可預測未來獲利及精估公司價值。

★現金流量表（cash flow statement）

在某一特期間，提供和公司的流動性（創造出來的現金）、現金

的來源及使用有關的資訊，主要分為營運、投資和融資三類活動；是最客觀的財務報表，能從營運活動中產生足夠現金是上上之策。

財務報表的核心價值是「當責」，能呈現事實及解釋變化，掌握營運、投資和融資三種活動，以三份報表透露經營及競爭訊息，加強經理人的願景、分析、協調、創新及灌能等五項修練，必能練成神功。

▶▶ 附圖：三張財務報表

資產負債表
（特定時點）
資產＝負債＋資本
會不會倒閉？

損益表
（特定期間）
營收、成本、費用
能不能賺錢？

現金流量表
（特定期間）
營運、投資、融資
有沒有現金？

🌐 用數字和比例做決策

資產負債表透過期初和期末的現金和保留盈餘科目，和損益表及現金流量表連結在一起，可了解公司的全貌，而數字和比例是共同的商業語言——

★「數字」

會計充斥著一堆數字，會計其實也是一種外國語言，會計規則是一種機制，規範企業交易與經濟活動如何轉換為數字；和這些數字一起出現的文字有什麼意義？如 ROA、EBITDA、槓桿……等詞彙又是什麼意思？都要搞清楚。

★「比例」

例如看資產成分不能只看總額，把每項資產除以總資產得到所占比例，如應收帳款、存貨、商譽的占比高低，是警訊或佳音？需進一步釐清；而利用加減乘除四則運算得出的各項比率，可進行財務分析。

會計上有投資決策和策略決策兩種，找出並估計決策的相關成本，建立一貫的投資和企業策略。商業決策涉及評估在不同的時點創造出現金流的活動，而投資就是一種現在付出現金，以便未來創造現金流入的活動。

經理人若看懂財務報表，就會知道公司在哪些方面表現良好？什麼力量帶動營收？績效為何不佳？哪些活動該增加或減少？哪些活動該外包或自己做？就可以活用數字和比例來做決策，一定比「憑經驗、靠感覺」強得多。

🌐 用數字說話添魅力

伏爾泰曾說：「耳朵是通向心靈的路」，但是要怎麼讓別人聽懂你說的話，甚至進一步認為說得理所當然，達到心領神會的境界則是每個人都渴望的，但曾經就有一份職場能力調查指出高達近三成的受訪者認為欠缺溝通能力。

有人主張用邏輯思考的方式學會溝通與問題解決能力如：

⭐ 掌握 MECE 分類

是指「互不重複，毫無遺漏」的意思，在溝通上要試著掌握論述主題的整體架構，並學習如何不重複且無遺漏的分類。而分類的目的是為了讓思考的過程變得更容易，也讓難題可以被分割開來思考。

⭐ 了解問題的因果

用「函數」的概念去了解因果關係、用「演繹法與歸納法」去分析問題，用「逆向思考」去檢視問題突破框架。

⭐ 活用理論與工具

「近似值」可以協助在面對問題時，能根據手邊有的資料，以邏輯性推論出可能的狀況。

在網路時代下，常需與來自不同文化與背景的人進行溝通與問題解決；不同的溝通模式需要不同的工具，例如在口語溝通上就要善用

MECE 法則來使內容更精準；在簡報時，則可以善用圖表、矩陣等工具，來圖像化要表達的內容；用「逆向思考」切換看問題的角度。而要培養「模式化能力」或「抽象化能力」，最合適的工具就是數學，數學的根本就是數字；把數學觀念用以解決現實問題所需要的根本能力。透過從複雜的現實中擷取本質，並單純化問題；其中又以「圖論」為運用；將各種「關係」模式化成架構圖，來探討其特性。這年頭能「口吐數字，舌燦蓮花」的人，是多麼地具有魅力！

用數字蹲馬步

麥可・波特（Michael Porter）提升競爭力的信念：「人類社會不斷地追求榮景，榮景來自財富的創造；社會中只有企業才能直接而大量地創造財富，而企業創造財富的能力來自於競爭力。」；企業的競爭力則來自於經營團隊，表現在財報中，關鍵在經理人；企業若不具備競爭力，就沒有投資價值，企業經理人想要學會一身上乘的功夫（數字、符號、公式、函數，模型、圖表、生態系），用數字蹲馬步只是練基本功，終極目的在能將整個產業的生態系，洋洋灑灑地華麗展現；要達到這樣的境界，請記住金庸寫在葵花寶典中的這句口訣：「欲練神功，內外貫通；聚焦聯結，武林稱雄」。那麼，強化「非金融人員的數字觀」，現在說來，似乎是天經地義，理所當然的事了！

▶▶ 附表：數字管理的七大手法

類別	說明	實例	備註
數字	阿拉伯數字 百分比	1234567890 %	印度人發明的 分子／分母（佔比）
符號	圓周率（數學常數） 有效訓練值	π（3.1416） t（3.5621））	圓周與直徑的比率 （近似值） 顏長川根據經驗發展 而來
公式	兩個量之間 等或不等的公式	$x^2 + y^2 = z^2$ $P=(S+K)^a$	直角三角形的邊長計 算公式 顏長川發展的績效公 式
函數	一對一函數 連續函數	$y=f(x)=3x$ $y=1/x$	只要知道 x，就可算 出 y 非零實數的倒數
模型	模型、模範 模特兒	Model 3 Victoria's Secret	特斯拉電動車 維多利亞的秘密
圖表	圖像化的數據 統計圖表	chart	圓餅圖、長條圖、折 線圖 流程圖、架構圖、集 合圖
生態系	在一個特定環境內 相互作用的所有生物 和此一環境的統稱	Ecosystem	金融科技的生態系 數位匯流的生態系

3 人生的成功方程式

在加零競速的 5G 百倍速時代，不管金融人員和非金融人員鬥得有多厲害？成功的道理和道路應該是一樣的！愛迪生說：「天才就是 1％的靈感加上 99％的汗水」（Genius is one percent inspiration and ninety-nine percent perspiration.）；但最天才不見得最成功？最努力也不見得一定最成功？如果不是天賦、不是努力，什麼才是人生成功最重要的關鍵要素？美國賓大心理學教授安琪拉說：「恆毅力＝熱情＋毅力」；日本經營之聖稻盛和夫說：「人生成就＝能力 × 努力 × 態度」；似乎英雄所見略同。

每個人都各有自己對「成功」的定義；有人用錢也有人用名聲來衡量、有人相信天註定也有人要靠勤耕耘，不管如何定義？永不服輸堅持到最後，你可以說是毅力、熱情或態度？

🌐 天才或努力？

湯瑪斯・阿爾瓦・愛迪生（Thomas Alva Edison）是全球中小學生都公認的「天才」發明大王，一生註冊了 1,093 項專利，包括與電燈、留聲機、電報和水泥……等相關的專利。當大家都在欽佩和羨慕他的天才時，他卻無限感慨：「我不是天才，我是靠不斷失敗，才成功達到目標」；在找鎢絲當電燈泡的燈絲之前已失敗約 1,600 多次，他卻自我安慰：「我沒有失敗，至少我已發現了 1,600 多種行不通的方法。

麥肯錫企管顧問公司以招募及獎勵聰明人著稱，對聰明的重視，簡直已走火入魔；出事前的安隆公司（Enron）就是用麥肯錫鼓吹的「天分至上心態」來管理公司，因而自戀到超級自命不凡，鼓勵短期績效表現，不鼓勵長期學習與成長，以「績效定去留」（rank-and-yank）；促成獎勵欺騙，不重誠信，終至造假破產。

長久以來，很多人寧願相信「成就是由天分決定，而不是努力。」；心理學家都認為一般人患有「天分偏誤」（naturalness bias），即對天才有隱藏性偏好及對苦學者有潛在性偏見；比如說選擇男女朋友時，雖口口聲聲說不在乎外表美醜，但選擇約會對象時，卻偏偏會挑選帥哥美女；可見當面臨選擇時，就會顯露對天才的偏好，甚至趨向天才的崇拜。顯然，大多數人還是傾向「靈感論」而非愛迪生的「汗水論」。

 恆毅力＝熱情＋毅力

　　安琪拉・達克沃斯（Angela Duckworth）是哈佛大學神經生物學學士，牛津大學神經科學碩士以及賓州大學心理學博士，2013 年麥克阿瑟天才獎得主及賓州大學心理學教授。她認為「恆毅力＝熱情＋毅力」是被低估的成功必要條件，應可加速、加大培養。熱情是主動培養，不是被動發現；是持久的熱情，不是三分鐘的熱度；毅力是打定主意就堅持到底，不因挫折就輕言放棄。

　　安琪拉把「興趣、練習、目的和希望」四個心理特質當作由內而外培養「恆毅力」的驅動力；而「家長、老師和同事」三種夥伴則是由外而內培養「恆毅力」的環境力；內在驅動力和外在環境力，內外交叉，練就「恆毅力」，成為天才的最佳後盾。安琪拉是美國研究成就與人格特質的新生代心理學家，訪談全球不同領域「恆毅力」典範的故事，包括西點軍校訓練的祕密、拼字冠軍的自我練習，還有業務、運動明星、成功企業人士如何設定目標、找到人生熱情的方法、如何持之以恆堅持下去，直到成功的彼岸。

▶▶ **附圖：恆毅力**

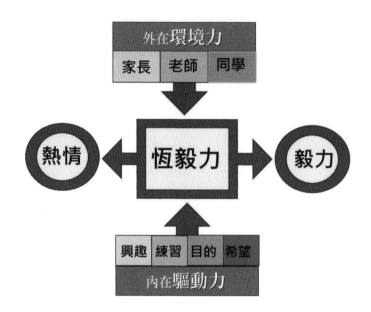

　　美國作家葛拉威爾說：「品格和毅力是成功人士脫穎而出的關鍵」；台灣名廚江振誠說：「通往成功的路上，沒有所謂的天分或運氣，只有最初的那份熱情與感動，以及為了它而堅持到底的倔強。」他們兩人為安琪拉的「恆毅力論」做了最佳的見證。

🌐 成就＝能力 × 努力 × 態度

　　稻盛和夫於 27 歲創辦京都陶瓷，52 歲創辦第二電信（KDDI），這兩家公司都已進入世界 500 強；應鳩山首相之邀請，78 歲的他接受已宣布破產的日航請求於 2010 年 2 月接任董事長，上任 3 個月即轉

虧為盈，1 年後創 3 個世界第一，2 年內走出破產保護，真不愧是「日本經營之聖」。聽說稻盛和夫曾向舉手同意的董事們跪下磕頭：「拜託大家了！」；而日本許多企業家在拜訪稻盛和夫時，都是單腿下跪之後，才遞上自己的名片的；聽說京瓷的許多員工選擇身後葬在公司墓地，墓碑上寫著：「永不離開京瓷的人！」。

稻盛和夫懷著關懷、利他之心，篤信「變形蟲管理」（amoeba management）——即讓全體員工參與經營，將大組織分化為各個小組織，然後使每個小組織都能自主達成目標（最大的挑戰是人性）；追求營業額最大化、成本最小化；精確進行部門成本管理，充分授權讓第一線員工可以成為主角；他知道魔鬼在細節裡，就是想辦法讓數字說話；他曾這樣回想創業歷程：「創業以來，我所做的不過就是貫徹和執行這種現場的經營哲學和管理體系！」，稻盛和夫總認為「答案就在現場」；他的方向感很好，總是領先時代半步。

稻盛和夫提出他總結一生的成功方程式＝能力 × 努力 × 態度；他認為「能力」是與生俱來的天賦，「努力」是願意付出不亞於任何人的後天努力，有時也叫「熱情」；「態度」是一種人格特質或正向思考，有時也叫「想法」或「毅力」，是重中之重。可用下列的方式計算出成功的得分：能力（0 ～ 100 分）、努力（0 ～ 100 分）、態度（－ 100 分～＋ 100 分）；態度若是負數，後果將相當嚴重！

成功方程式

我試著把愛迪生的「汗水」論，加以細分為「天才和努力」；再配合安琪拉的「恆毅力＝熱情＋毅力」及稻盛和夫的「成就＝能力 × 努力 × 態度」，我綜合三人的論點，大膽提出人生的成功方程式：「成功＝ 1 分天才＋ 2 分努力＋ 7 分毅力」。

用堅持把信念變鑽石

案例

大家公認全世界第一難的工作是把「觀念」灌輸到人的腦袋裡，第二難的工作是讓人乖乖地把「金錢」從口袋中掏出來；「保險」這個行業兩者兼而有之，堪稱是「難中之難」的工作。早期的保險業務是用「硬拉」的，當三姑六婆的親戚關係用罄和所有朋友都得罪光之後就沒輒了；現代的保險業務是用「軟賣」的，確認保險的意義在為客戶找到一份生命保障並提供社會安定力量；先了解客戶的實際需要，再取得客戶的信任，最後輕鬆簽下保單。

3W 是保德信人壽固有的工作文化，始於美國，卻在台灣、日本、韓國等地發揚光大；主要的目的是為了協助保德信的壽險顧問能本著「愛」與「關懷」的理念，透過「大數法則」的高活動量，為客戶「量身訂作」出有財務保障的「需求分析」並設計一套符合客戶預算的「建議書」，讓客戶獲得經濟上的安全以及心靈上的平和；愈貧窮的人，愈需要保險。

陳玉婷，1966 年生，觀音山下來的清貧農家女，銘傳三專畢，理律法律事務所總機小姐、保德信人壽首席壽險顧問、百萬圓桌會（MDRT）台灣分會會長及終身會員、財務規劃師……等；她的故事足供所有行銷人員做借鏡，從她身上可總結出以下三個人格特質：

1.「親切的微笑」──陳玉婷笑起來有兩個深深的小酒窩，顯得特別親切醉人；配上「好！沒問題！」的口頭禪，贏得所有客戶的好感與信任；似乎任何問題只要交給她就對了！聽說她擔任總機小姐時，聽起來連聲音都會笑！

2.「堅定的信念」──陳玉婷的工作態度：凡事認真，做事有計畫，使命必達；偶而失敗，總能很快奮起再戰；面對恐懼，總能保持初衷不迷失自己；一旦形成信念必堅持到底！不服輸的性格，讓她學會堅持做對的事。

3.「更多的愛心」──陳玉婷秉承保德信人壽「人間愛、家族愛」的使命感及母親的包容，她所有的動力都來自一個「愛」字，且與紀伯倫在《先知》中描述的工作信念：「懷著愛心工作，將與你自己、所有人和神同在」不謀而合；她自認比別人有更多的愛擴及工作與生活，始終保持樂觀、積極、熱忱的態度。

陳玉婷的主管看一眼就很確認她天生就是賣保險的料，不過，在一週要完成三件新保單的壓力下，陳玉婷的信心一度動搖；幸好主管以「每週照顧三個家庭」的工作意義敲開她的腦袋，一轉念就存活下來。28年來，她只做自己最擅長的事，締造了「3W持續1250週照顧3000個家庭」的傳奇；從她的故事中可找出以下三個行事風格：

1.「拒絕拒絕」──陳玉婷自許是個百分百正能量的人，行銷是從拒絕開始的，尤其是壽險；一定要搞清楚客戶拒絕的是人

還是保險？然後對症下藥，不輕易接受拒絕；相反地，她不會拒絕客戶，再困難的問題也會發揮最大的耐心替客戶解決。

2.「打敗挫折」——陳玉婷自認是個無可救藥的樂觀人，壽險行銷道路上充滿挫折；以「照顧別人」的理念和「服務客戶」的感動作支撐；用「最高的敏感度」和「最大的彈性」作武器；客戶的一聲謝謝或一個擁抱是打敗挫折的原動力。

3.「自我學習」——陳玉婷自知沒有傲人的學歷，因此擅長利用零碎時間讀報章雜誌、多參加讀書會、每月閱讀多元書籍數冊、參與多元課程、到處聽演講、與客戶互動學習……等；像一塊海綿一樣，不斷地自我學習。

蘇格拉底要求學生每天甩手三百下，一年後只有柏拉圖做到，由此可看到柏拉圖的「堅持」；鑽石是碳元素經歷幾億年的高溫高壓，也算是某種形式的堅持；不只做學問需要堅持，做任何事都需要堅持；陳玉婷靠著分秒必爭的「週時間管理」和成不成交都要轉介的「人脈管理」，對3W（每週簽下三張新保單）的經營，已經習慣成自然到像呼吸一樣；她認為3W是參加一場自我挑戰的無終點「馬拉松」，陳玉婷是全球唯一「3W」持續最久的女性紀錄保持者，目前還在堅持每週破自己的紀錄。

陳玉婷在「學歷、經驗和人脈」三缺的情況下，又被父親點了穴（不得碰親友），加入保險推銷簡直是走頭無路、毫無勝算；但她始終相信：「用堅持，可以把信念變鑽石」，終於闖出一片天！

工作場所篇

5G場域氣氛之營造

1 智慧製造的關燈工廠

2019 年年初，世界經濟論壇（WEF）公布最新一批「關燈工廠」名單，全球已有二十六座關燈工廠，包括 BMW 德國雷根斯堡工廠、塔塔鋼鐵荷蘭艾默伊登廠等；有六個廠位於中國，分別為海爾、西門子、博世、富士康、丹佛斯、上汽。其中，富士康是唯一的一家台商。

所謂關燈工廠，是指在工業 4.0 等尖端技術應用，能做為全球表率的領先企業；而「工業 4.0」簡單的說，就是大量運用自動化機器人、感測器物聯網、供應鏈互聯網、銷售及生產大數據分析，以人機協作方式，可提高其生產價值至原先十倍以上；顯然，這將是下一代工業革命之濫觴。

當「智慧製造」引起「製造業服務化、服務業製造化」的現象時，就很難區分服務業和製造業；關燈工廠不僅是無人工廠，還是無憂工廠；一切自動化，智慧化，系統虛實化；有人拍胸膛說：「我可以搬到月球生產了！」

🌐 智慧製造的特徵

智慧製造（Smart Manufacturing）是指具有資訊自感知、自決策、自執行等功能的先進製造過程、系統與模式的總稱，如物聯網、大數據、雲計算、人工智慧……等。

智慧製造有四大特徵：以智慧工廠為載體，以關鍵製造環節的智慧化為核心，以端到端數據流為基礎，和以網通互聯為支撐。其主要內容包括智慧產品、智慧生產、智慧工廠、智慧物流……等。目前，急需建立智慧製造標準體系，大力推廣數位製造，開發核心工業軟體。傳統數位製造、網路化製造、敏捷製造等製造方式的應用與實踐對智慧製造的發展具有重要支撐作用。

以成衣業「快速時尚（fast fashion）」趨勢為例，無論是ZARA、H&M、UNIQLO、東京著衣、Lativ……等，都是透過觀察當季時尚品牌的流行要素與趨勢，並參考消費市場上的銷售狀態，再搭配高度整合的工廠進行即時生產，發展出「快速回應模式」產生驚人業績。但回顧整個生產過程，可視情況由人力介入協助調控原物料的供給或產線調整狀況；簡單來說，在生產製造的過程中，經過計算、通訊與控制的虛實化系統（Cyber-Physical System，簡稱 CPS）連結物聯網，以智慧生產、智慧製造建置出智慧工廠，形成智慧製造與服務的全新商機與商業模式，產生「製造業服務化、服務業製造化」的現象。

面對數位時代，製造業者必須積極轉型，否則終將落於人後。由於產業別日益模糊以及如雨後春筍般的新興企業，當前市場走向瞬息萬變，企業間的競爭越發激烈。「數位轉型」正是新一代的趨勢，聚焦當前的管理痛點，穩健升級新製造；依據企業需求量身客製專屬套件，整合全流程於單一系統，加速轉型，驅動智慧製造，邁向工業4.0！

🌐 關燈工廠的秘密

走進富士康工業富聯在深圳的關燈工廠時，發現裡面沒有多少人，女工產線消失了；即使員工降九成，工廠還是照常運作，光源僅剩信號燈，只有點點綠光，廠長需拿手電筒巡廠。由於具備省人力、省空間……等諸多好處，466億元營收的工廠，靠32人就撐起來；「自動化」省下的不僅是人力成本，還在於機器能彼此溝通，辨識品質好壞，最後回頭再優化決策。關燈工廠裡的戰情室，令人目眩神搖的眾多螢幕掌控工廠裡的狀態，包括每天訂單、產能、產品組裝良率……等。

關燈工廠不僅只是幾乎「無人工廠」，真正目標是簡化工作流程、加強工作品質並且優化決策，同時改變人力結構，從傳統的以人為中心，變成以數據為中心的「無憂工廠」（把工作放前端做決策），這才是關燈工廠的意義。以專門生產智慧手機等電氣設備組件的工廠為例，採用全自動化製造流程，配備機器學習和AI設備自動優化系統、

AI 維護系統和智慧生產實時狀態監控系統，將生產效率提高 30％，庫存周期降低 15％，真正實現關燈無人工廠的目標，同時也是第一家機器學習和工業人工智慧的無憂工廠。

半導體封測廠日月光半導體分享投資關燈工廠的好處，估計一座關燈工廠投資新台幣 9410 萬元，有助節省 86％人力，約 2.8 年回收；在凸塊方面坪效提升 73％，測試方面交期縮短 33％。建關燈工廠（智慧工廠）需要客戶支持，貨量也要充足，並要投入資源，開發軟硬體整合，進而進行工廠轉型。關燈工廠應用了人工智慧、大數據及自動化技術，利用人工智慧技術進行預測分析、影像辨識與資訊安全，利用大數據進行即時派工、機台預期保養及材料追蹤。日月光是自 2011 年投入關燈工廠建置，期間經過很多次失敗，至 2017 年有三座關燈工廠，至今已成功建置 11 座智慧工廠。2020 年底將增至 18 座，包括晶圓凸塊封裝、覆晶封裝、系統級封裝、晶圓封裝測試製程。2021 年底將擴增至 25 座的規模；目前日月光、中華電信、美國高通三強正聯手打造「全球首座 5GmmWave 企業專網智慧工廠」中。

🌐 關燈工廠的大趨勢

綜觀全球關燈工廠的發展現況，可歸納出以下三大趨勢：

★ 自動化

麥肯錫報告直指：自動化將是降低勞力成本最重要關鍵，影響最大的是製造、餐旅、運輸與倉儲……等產業，企業可就近提供服務，不須跨國生產後再運送，到 2030 年之前，全球商品貿易額預計年減 1 兆 5000 億美元至三兆美元。而 3D 列印科技的崛起，讓大家可以就地列印零件，提高客製化的可能，影響最大的產業是製鞋、玩具業、汽車業、航空業……等。

★ 從集中到分散

如果蘋果要讓 iPhone 在全球分散生產，從設計圖開始，都得連動調整。分散，是一種新能力，自動化技術，則是必備能耐。若選擇不遷移，就得面對，已經用自動化升級，降低成本的對手競爭。如果，選擇全球布局，唯有善用自動化，才能降低當地人力管理成本，以抵消區域性生產調度零件時的運費成本。好處是，機器人不會罷工，不用談判，可 24 小時上班，而且隨時可搬家。

★ 從人口紅利到技術紅利

截至 2019 年，中國勞工每小時單位工資將分別是越南的 177％與印度的 218％。這也是為什麼，中國在 2013 年已經躍升成為工業用機器人最大買家的原因。全球供應鏈重組，製鞋、汽車業影響最大；中國必須接受人口紅利已消失，趕快數位轉型拚技術紅利！

到月球都能生產

工業 4.0 時代，一切自動化、智慧化、系統虛實化，就是要「智慧製造」！以智慧生產、智慧製造建置出智慧工廠，但智慧工廠不等於「關燈工廠」，未來五年最重要的是「彈性」。工業機器人在落實工業 4.0 中扮演重要角色，而人機協同機器人，也就是「智慧製造的關燈工廠」將是未來的新趨勢。富士康工業富聯（FII）總經理鄭弘孟，對著黑暗中作業的機台及手臂解釋，感慨一聲：「像這樣子，我都可以搬去月球生產了！」

2 幸福的樂活辦公室

蘋果電腦的前 CEO 賈伯斯把辦公室建造得很像太空船，造成網路上一片轟動；引起高科技與充滿未來感的辦公室的風行，各式各樣的辦公室到處可見。Google 在蘇黎士的辦公室搞得像是大型南極辦公室一樣，不但有偽冰屋，還有南極企鵝作伴，不知道那邊的 Google 團隊是否很會講冷笑話？詹姆斯・萊文（James Levine）醫生辦公室很像健身房，職員都站著上班，在跑步機上走路，甚至在跑道上談公事，而不是像以往那樣圍坐在會議桌邊；他們篤信：「強制幫人得到健康和快樂不是壞事！」；Dell 打造數位互聯辦公室，可凝聚員工向心力與提升生產力；在 Covid-19 爆發後可以立即啟動在家上班（Working From Home, WFH），降低員工接觸病毒的可能性，同時確保工作效率與效能。

傳統的辦公室講究溫馨、舒適和無壓力，有人還以「狗窩」自嘲；未來辦公室將具有效率、幸福和高科技感，可以在辦公室 360 度樂活一整天；甚至有靜坐、冥想班，可以找到身心靈的平衡。

🌐 未來辦公室的考量

辦公室號稱「員工的第二個家」，從傳統的溫馨、舒適、無壓力的氛圍塑造成未來的效率、幸福、高科技的感受，以提高生產力；華人則特別講究下列三點：

★ 風水

大到辦公大樓的方位，可影響企業的興衰；小到辦公桌的擺設，會影個人的升官發財，信不信由你？

★ 開放型

全開放性辦公室，原以為拿掉冰冷的牆和隔板，有利增加同事間的互動與合作；其實開放性辦公室是傷害員工的專注力的互動殺手（員工面對面互動的時間少了 73％，用通訊軟體和 Email 的溝通反而提高了 67％）。

★ 其他

盆栽、掛畫、擺飾……等，可招財運、親貴人、遠小人。

🌐 高科技與未來感

1936 年成立的理光公司靠著賣出一台台辦公室事務機，過了半世紀，獨霸一方，本業卻難以再成長，不過現在他們轉了一個彎，要推出辦公室規畫解決方案，佈局下一個十年成長。踏進理光公司的大

門，先是「虛擬接待員」光子小姐在大廳迎賓，放眼望去全是一張張沒有抽屜、沒有隔層的桌子，也沒有文件櫃，資料全存在 APP 裡；這是 OA（辦公室自動化）設備大廠理光（Ricoh）的台灣辦公室，也是他們實踐數位轉型的代表作。

理光公司在全球有 140 萬個企業客戶，從 2015 年起，乾脆先以原有客戶為基礎正式跨足 ICT（資訊與通訊科技）服務，開始幫企業在雲端管理起資料來，從文件安全、物聯網、雲端……等來幫企業規畫辦公室解決方案，甚至連空間設計都包了；互動式電子白板可以多方連線、同步進行視訊會議外，點選書寫功能更能立即手寫會議紀錄，讓開會更有效率。

該團隊在台灣的服務對象分為三類。第一類是「舊換新」，想透過新辦公室改造企業形象；第二類則是年輕一代的接班風，嘗試透過新辦公空間來吸引人才；第三類是店鋪要做零售業的解決方案。第一類占比超過 50％，難度最高，所以轉型管理的關鍵在人而非科技。

⊕ 效率與幸福

林政緯設計師接下新創公司街口支付 528 坪新辦公室裝修任務，為充滿年輕活力、熱情與幹勁的公司，帶來創意活潑的現代風情辦公場域，並善用玻璃、中空板等多元材質，營造開闊舒適的工作氛圍。

以街口支付的企業主色（紅色）作為進門招待處的主牆面設計，不僅符合朝氣蓬勃的企業形象，也展現出他們對於工作的勇往直前。整體空間以長廊道串聯各個辦公場域，展現企業內容「街口、街道」概念，延續此概念和企業名稱，設計師巧妙做了鮮紅街 bar 設計，不僅成為視覺焦點，也能作為輕鬆的員工吧檯區。空間中的趣味蛋屋、三幢交錯小木屋、羅馬劇場般場地設置，皆來自於企業創辦人胡亦嘉的創意發想，在林政緯設計師精準調配空間配置、細膩工法與材質安排下，逐一完成創辦人的辦公室夢想。

林政緯設計師，以設計解決者的角色，傾聽企業體的需求、體察企業體的文化，不僅將創辦人心中對於辦公室的想像，一步步在空間中實現，也為企業體量身打造出具有效率、充滿幸福、靈感、有趣與未來感的高科技辦公室。

辦公生活的每一天

互盛公司提倡「360 度辦公樂活趣」（如下頁圖），可陪伴辦公生活每一天：早上進辦公室上班，先經過「門禁監控」及「雲端人資考勤」，出一張嘴就可打理一切，因此需要注意「語音節費」；運用「視訊會議系統」與分布全球的分公司進行會議，整個過程須講究「網通資安」，當然也要藉助「辦公輸出設備」產出專案報告，有時也要用「3D 列印機」客製一些樣本或模型；若覺得有些設備的資本支出太高或資金有其他更重要用途，也有「輕鬆租賃方案」可多加運用。

　　中華電信國際電信公司與訊連公司合作，將傳統的溝通方式（電子郵件、電話會議、親訪、實體活動……等），在「去中心化、全球化、行動化」的重要趨勢下，進行企業數位轉型，並提供「U 整合通信服務」給約 3,000 個客戶，佔總營收 10％的三大服務：

★**U 通信**──即時通訊聯絡網（即時通信）。

★**U 會議**──跨國跨據點之多人視訊會議（視訊會議）；小型（5 人以下），中型（15 人以下），大型（15 人以上，或 100 人的高品質視訊會議）

★**U 簡報（直播）**──教育訓練、研討會等活動直播（遠距直播）；500 名以上觀眾的直播活動或透過客制化服務提供 5,000 名觀眾線上進行觀看

台灣微軟 Microsoft 365 表示：目前很多企業開始要搶先進行「數位轉型」佈局，如遠距協作、視訊會議……等；全球駭客攻擊暴漲 5 倍、視訊通話量增加 10 倍、APP 下載成長 3 倍，在家開會更能專注，隱私、效率，甚至會議會自動記錄，這是一個「化危機為轉機」的好時機。

辦公新模式

新冠疫情改變全球市場樣貌，走在數位轉型前端的企業，在共作、視訊軟體的協助下，採取彈性辦公，致使辦公習慣有三大挑戰：

★ 在家辦公（Work From Home，簡稱 WFH）是應變

卻發現效率變高，因省下通勤的麻煩，多出許多自由時間……等，這樣的應變可能逐漸成為日常。

★ 直覺型辦公與共享員工成主流

讓工作者不需從工作中抽離，即可即時獲得當下所需或由專業人員代勞。人手短缺的企業與營業低迷的行業共享員工。

★ 身心靈健康是關鍵

加強辦公室中的連結以減少公事公辦的疏離感、縮短心理距離、紓解工作壓力、宜多設交誼廳、書法班、靜坐班、健身班……等，追求身心靈的健康。

靜坐轉化身心靈

　　靜坐是一項「真原醫」,也就是「真正原本的醫學」的意思;整合了醫學知識和養生之道,號稱「21世紀最完整的預防醫學或最實用的身心轉化指南」。現代人必須全方位改變生活,追求平衡的生活模式,才能恢復健康;而靜坐就像是進行一場科學、醫學與心靈之旅,將會用開放的心態,全然地放下並領悟:「靜坐是什麼?為何要學?方法有哪些?有益身心健康嗎?」;有些人認為靜坐跟宗教有關,甚至能通靈悟道。

　　所謂的「全方位」是不管傳統、非傳統、東方、西方、神學、秘教……等古今中外的各種方法,只要能真正發揮成效的醫學,就以開放的態度追求之;而「平衡」是追求飲食、運動、呼吸、思想、情緒之平衡;「健康」則是從生活中每一件事做起,講究身、心、靈的整體療癒。

　　靜坐是心靈淨化的一個法門,是需要明智地、勤奮地使用的工具,可以協助淨空心靈;想活得快樂就得學靜坐,方法有坐姿(散盤、單盤、雙盤)、呼吸(橫膈膜、鼻孔交替)、白骨觀(把人體看成一副骨架)、持咒(真言或咒語、嗡聲)、手印(禪定印、蓮花印)、感恩(謝謝),最後一種「沒有辦法的辦法」就是放下;當你放下時,整個宇宙都將消失於打坐之中。

　　楊定一先生5歲時問母親:「人為什麼活著?」,12歲就已決定未來要走向醫學研究,19歲已取得巴西尼亞醫學院的第

一個醫學博士，之後移居美國深造，21 歲就取得美國紐約洛克菲勒大學康乃爾醫學院生化、醫學雙博士；同時發現「殺手細胞」可消滅「癌細胞」，並大膽地在國際會議中發表這一觀念，引起各方爭議和質疑；經過多年的科學臨床實證，現已成為普遍的醫學常識。前台大校長李嗣涔只能讚嘆：「天才中的天才」及「科學的先行者」。

楊定一從物理、生物、神經生理學的當代研究成果，重新以現代和科學的觀點來看靜坐，並結合健康醫學的原理，點出靜坐在身心方面的速效；女兒楊元寧則匯集了父親多年來靜坐教學累積的 Q&A，也納入自己從 10 歲到 24 歲向父親提出的各種「大哉問」，解答了絕大多數人對於靜坐的疑問與想像。

楊定一身為傑出的醫學研究者與醫師，提出一套身心靈整合預防醫學，分享現代人所需的健康與生活概念，如建立「最佳健康」的客觀標準、可重新定義「預防醫學」；藉心靈改造及調整呼吸來測試「身心靈間的平衡」。

疾病的病徵其實是顯示「身心靈」在更深層次出現不和諧的現象，只要「內心徹底轉變」就能做到統一的狀態，這也是「真原醫」的最根本核心；每個人從小就應該要有這樣的認識：「謹以身心靈的全人教育，追求真善美的人生目標」！

5G 時代可以說是「萬物互聯」的「分心年代」，靜坐可訓練心靈，開發大腦神經新迴路，放鬆心智，找回身體失去的平衡，重尋健康，安住於當下。

3　未來的 G2 世界

第二次世界大戰後，國際間的大小事好像是由聯合國的五個常任
理事國說了算；鑑於戰後經濟復甦之需要，美、英、法、德及
日五大工業國於 1973 年組成五大工業國組織（G5），後因義和加的
加入成為七大工業國組織（G7）。自 1998 年後，由七國輪流擔任主
辦國（輪值國），主辦國的領袖成為該年會議的非正式主席（輪值主
席）；與會國領袖會在政治、經濟、軍事等各方面交流意見。2009 年
後，該峰會在經濟事務上的主要功能已被二十國集團（G20）峰會取
代。聽說第三次世界大戰早已用「超限戰」（貿易、科技、資訊、媒體、
軍事……）的形式全面開打、以美國為首的民主聯盟對抗中共的專制
極權，世界各國必須在自由與奴隸中做一明智的選擇，選邊站的結果
逐漸形成兩極的 G2 世界。

5G 已來，Covid-19 還在

「5G is real and coming」，根據調研機構 IHS market 預估，2022 年全球 5G 用戶將會達到 5 億戶，2035 年全球 5G 產值將會突破新台幣 400 兆元，並帶動 2200 萬個工作機會。尤其在 5G 時代萬物互聯，每個人都會被牽連到，千萬不要再說 5G 跟你無關，很多人都已經滿口「Apple iPhone 12、Samsung Note20, Google Pixel 5……」說個沒完呢！也有人喊出：「5G 已來，6G 還會遠嗎？」

李文亮醫生勇敢大聲吹哨，中共竟於「武漢封城」前放出 500 萬名武漢人流竄到世界各角落，造成全球疫情迅速氾濫成災；Covid-19 從 2019 年 12 月 1 日爆發迄今（2020 年 12 月 14 日），已有 7,236 萬人確診、161 萬人死亡。所有國家和所有人都已認清：「中共是禍首，WHO 是幫兇；造成全球這樣大的疫情，他們的隱瞞有不可推卸的責任！諷刺的是「中國到底有多少人染疫？」竟成中共的極機密？也是 21 世紀之謎？

Covid-19 還在到處肆虐，影響所及，人類將大大地改變生活；外在環境的改變如：世界各國債台高築、脫離全球化經濟、握手寒暄成過去式、居家辦公和在家上學成為主流……等；內在心理的改變如：安全感改變（不確定性）、依賴心增強（人際交往）、價值觀改變（合作、關懷、體貼）……等；世界各國頗有「大難臨頭各自飛」的感受，大家期盼有效的疫苗如大旱之望雲霓；善與惡僅在一念之間，疫情能否得到有效控制？將決定人們的未來；全球破產企業數正急遽增加，

估計 2 年約將暴增 35％，中國可能將飆破 40％。

 居家辦公，在家上學

在「5G 已來，Covid-19 還在」的雙重壓力下，首當其衝的就屬企業界和教育界；企業界需要營運，讓員工能賺錢養家；教育界也要想方設法，讓老師能作育英才；總不能束手無策、坐以待斃。

世界各國的企業界採取「居家辦公」原本只是緊急應變措施，雖然偷懶的員工會「一邊電腦遠程開會，一邊 iPad 追劇」、認真的員工需隨時捧著手機 24 小時待命，幾分鐘沒回老闆的微信，會被懷疑是在摸魚，搞得比平常還忙；伺服器、監看軟體和 Zoom 的需求大增；但員工因此省下大量通勤時間及昂貴的辦公室租金，且工作效率反而大大提升，有些企業已決定永久居家辦公，只要「不用機密或敏感議題及資料、選購無資安疑慮的產品、進行安全性及相關環境規定、加強操作人員的教育訓練」即可。

世界各國的各級學校，在「停課不停學」的要求下，改為透過網路在家上學；一時之間，透過 Coursera 平台或可汗學院……等各種教學平台在線上上課、考試、交作業，成為當下最新鮮的體驗。教育專家估計：約有 90％ 的學生會被迫停課，但全球僅一半老師有數位教學經驗，老師採遠距教學只能應急，最根本解決之道還在學生懂得運用數位來自學以提高競爭力；久而久之，學校和老師存在的價值和意義，

可能面臨學生的嚴重質疑和挑戰！未來的學生需靠自學能力且能無師自通。

在這新冠肺炎疫情，5G 技術與人工智慧在抵抗疫情方面的運用獲得許多成果，比如醫療服務、定位追蹤、交通運輸系統、大數據等等。而為降低實體接觸機會，保持社交距離、居家辦公、遠距教學變為必要項目，人們紛紛都改為數位、線上模式進行，如：線上課程、線上娛樂、網路購物、外送等需求皆大幅增加，而如何讓線上課程、線上娛樂網路順暢，讓網路購物、外送需求不漏接，都需要更快的網路速度，更準確的網路系統，5G 就是帶領這數位商機前進的最佳解決方案。

5G 的八大行業

5G 是指第五世代的通訊標準，擁有三個主要核心特性：（1）高頻寬（eMBB）、低延遲（uRLLC）、廣連結（mMTC）；5G 網路的頻寬是 4G 的 10 倍、網速是 4G 的 100 倍、連結量是 4G 的 1000 倍，也就是提供更快的傳輸速度、更低的傳遞延遲、更海量的設備資料串聯。新技術總會帶來創新，進入商轉的 5G 通訊將帶來更多可能性，試著從下列八大行業了解如何活用 5G 的新技術：

★ **智能物聯網（AIoT）**—— 超級電腦配合大數據透過自我學習和深度學習……等得出人工智慧，再活用到各行各業，使人、機、物皆相連，

形成 Smart Everything。

★ **大數據（Big Data）**── 資料科學家儲存大數據（巨量、海量或無限量資料）並加以處理、分析，以萃取商業智慧，發揮資料的最大效果。

★ **雲計算（Clouding Computing）**── 雲端資料中心負責需要龐大運算能量的學習，可與邊緣運用和物聯網形成垂直產業線，而邊緣運算還可與人工智慧形成天作之合。

★ **終端設備（Devices）**── 跟 5G 有關的終端設備如：手機、平板、穿戴設備（VR、AR、MR、XR）、螢幕……等，內容供應者應考慮適用於各種設備。

★ **邊緣運算（Edge computing）**── 邊緣運算節點使用其學習的成果，並反饋蒐集到的資料，協助雲端資料中心持續修正學習的內容。

★ **金融科技（FinTech）**── 三家純網銀即將投入營運發揮鯰魚效應，網上銀行、非現金（行動、電子支付）和點數經營是顯學，小微貸款、信用小白將可形成普惠金融。

★ **遊戲產業（Gamification）**── 藉由 5G 的高頻寬、低延遲特性，遊戲串流將出現強勁成長，任意設備皆能暢玩高畫質遊戲。電競選手可成新台灣之光；把遊戲元素融入工作中，讓工作像打電競，功德無量。

★ **醫療衛生產業（Healthcare）**── 是經濟體系內利用產品和服務，為人們提供治療照護、預防醫學、物理治療、和安寧緩和醫療的各個部門的聚集和整合；其花費超過 GDP 的 10％。

🌐 人生的八大需要

　　5G 的三大特性：高頻寬（百倍速）、低延遲（1 毫秒）、廣連結（百萬個 / 平方公里），正好可以對應三種不同類型的應用；高頻寬可以帶來 4K/8K 影音、電競、AR/VR 等消費者應用，而低延遲能實現車聯網、智慧製造、遠距醫療、遠距操控等產業與工業應用，至於廣連結則可開創全新的物聯網，應用於人生的八大需要中（如附表）：

★ **食**——5G 咖啡機器人一面煮咖啡一面還能服務客戶，且兼具 5G 行動熱點、人臉辨識、語音辨識下單等功能；全台第一個 AI 溫室（全自動科蔬菓），2021 年 7 月就要投產。

★ **衣**——AI 智慧驗布的作業，可以高速判斷布料是否有破洞、髒污、勾絲等瑕疵。

★ **住**——智慧家庭能夠控制燈光、窗戶、溫濕度、影音設備以及家電等，也可同時包含出入控制或是警報器；當連上了網際網路後，家庭設備變成智能網中重要的成份。

★ **行**——利用即時通訊來控制號誌、改善交通狀況，打造更安全、更便利的車聯網、自駕車和停車的智慧交通體驗。

★ **育**——透過 5G 無人機基地台傳輸訊號，搭配 AR 眼鏡引導現場工作者做教育訓練或透過 AR 視覺化的導引可輕鬆帶領旅客前往目的地。

★ **樂**——5G 與 VR/AR 結合，不論演唱會、音樂會或運動賽事都能享受如親臨現場般的觀看體驗。

★ **醫**──5G 與醫療的跨域整合，實現遠端醫療、遠端照護等服務；5G 即時復健指導，患者不用到醫院也能在家中進行復健。

★ **養**── 當 5G 遇上 AI，將共同開創嶄新科技與醫養照護服務整合的新契機，加速醫療機構與長期照顧服務機構的轉型升級。

🌐 生活的八大場景

中國信託以「生活即金融，金融即生活」為訴求，推出「360 度立體環景金融服務」；在全通路（152 家分行 / 6,000 台 ATM / 500 萬網銀客戶 / 700 萬 LINE 戶 / 智能小 C 客服 / 1,000 多位理專）中，為全客群的不同人生階段（求學、消費娛樂、立業求職、買車買房、子女教育、家庭保障、醫療、理財、退休養老……等）提供全服務，如：線上辦卡、開戶、行動支付串聯、智能貸款、智能理財……等，分別在生活的八大場景中，根據客戶意願調查，提供客戶感興趣的數位金融服務：

1.飲食── 行動支付（59%）、繳費功能（45%）

2.超商／量販店── 行動支付（53%）、點數相關（55%）

3.購物網站／購物中心── 行動支付（50%）、超商取貨（52%）

4.旅遊── 行動支付（46%）、線上保險（49%）

5.交通——行動支付（52%）、線上保險（25%）

6.學習／教育——行動支付（40%）、刷卡分期（26%）

7.娛樂——行動支付（54%）、停車資訊（25%）

8.健康／醫療——行動支付（50%）、刷卡分期（28%）

🌐 大家都來搶金飯碗

　　5G 是個加零競速的百倍速時代；樂觀的人認為全球已進入後疫情時代，悲觀的人卻認為 Covid-19 會再度回鍋，甚至三度爆發？唯一可以確定的是這是一個「萬事都不確定卻都揪成一團」的年代，如果未來僅能在民主與獨裁、自由與奴隸、金融與非金融、美或中聯盟的 G2 世界做選擇，能不慎乎？掌握十大趨勢，在 5G 的八大行業中，滿足人生的八大需要，悠遊生活的八大場景，認清疫情將帶給工作更多彈性，個人和企業都必須加速「數位轉型」，才能搶到金飯碗！

▶▶ 附表：人生的八大需要

需要/行業	AIoT	B/B	Cloud	Devices	Edge	FinTech	Gamification	Healthcare	內容說明	備註
食	咖啡機器人	記錄交易	用多少付多少	即時呈現餐點影像	加快資料的處理與傳送	xPay/Points 行動支付	能量飲料	治療照護	邊煮咖啡邊服務客戶	Uber Eat
衣	AI智慧發布	追蹤資產	預算有彈性	內容適用於各種設備	減少延運	xPay/Points 行動支付	衍生商品	預防醫學	高速判斷布料是否有破洞、髒污、勾絲等瑕疵。	福祿智慧衣
住	智慧城市 智慧家庭	建立信任	雲端隨即用	AR/VR/MR 穿戴裝置	即時性數據分析及服務。	xPay/Points 行動支付	廣告贊助	物理治療	控制燈光、窗戶、溫度、影音設備以及家電等	Airbnb
行	車聯網	加密資幣	軟硬體支援完備	無人計程車	智慧能源	xPay/Points 行動支付	賽事版權 門票	即時復健指導	共享經濟（開放/三無）自駕車 停車	Ubike
育	智慧教室 機器人	去中心化	直播	AR/VR/MR 穿戴裝置	協助雲端	xPay/Points 行動支付	VR頭盔 AR眼鏡	遠距照護	e-Learning	Coursera 平台 可汗學院
樂	自製影片 數位分身 機器人	機器學習	電競	AR/VR/MR 穿戴裝置	360度 環繞式 影像	xPay/Points 行動支付	VR頭盔 AR眼鏡 寶可夢	舒解壓力	OTT 後排如前排臨場 5G+4K	Netflix
醫	遠距醫療 機器人	不可竄改性	醫食同源	智慧醫療	體能活動	xPay/Points 行動支付	人與人之間的智力與反應的對抗	醫療	達文西手臂 為異地病患零時差開刀 5G+8K	5G 智慧眼鏡
養	聊天機器人	虛擬證書	食補養生	精準健康	心智活動	xPay/Points 行動支付	2022年的 亞運項目	安寧緩和	開創嶄新科技與醫養照護	OSIM 按摩椅
其他 (5G)	人工智慧 物聯網 AI First	無人商店 資訊爆炸 透明度	社群網站 網路搜尋	AR/VR/MR 穿戴裝置	Openfog 加速互聯網	xPay/Points 行動支付 Mobile First 資訊安全	5G 無人機 基地台 千禧世代 年輕人	當 5G 退上 AI 花費 >GDP 的 10%。	Cloud：複雜，非即時 Edge：電信業搶回主導權 Fog：頻寬，延遲性和通訊，自我驅動：資料指數成長	Amazon Microsoft Google